영업
커뮤니케이션

영업완전정복 시리즈 2권

영업 커뮤니케이션

노진경 지음

이담 Books

머리말

영업전문가를 대상으로 고객과 커뮤니케이션을 할 때 가장 힘든 것과 해결하고 싶은 문제가 무엇인가?라는 질문을 하면 다음의 내용이 주로 나온다.

① 고객과 공감대 형성이 어렵다.

② 고객이 어려운 질문을 하면 대답을 하기 힘들다.

③ 고객이 영업전문가의 말을 무시하거나 인정하지 않는다.

④ 고객을 설득하기 어렵다.

⑤ 침묵을 지키는 고객의 말문을 열기 어렵다.

⑥ 관심과 흥미가 없는 고객이-왜 왔는가, 무슨 상품인가 등-
거부의사를 표현할 때 대화를 이끌어 가기가 어렵다.

⑦ 고객의 니즈를 파악하기 어렵다 등등의 답이 나온다.

앞의 시리즈 1 에서 정의를 하였듯이 영업활동은 고객에게 그들이 가진 문제와 욕구를 자극해 자사의 상품과 서비스를 구매하도록 하는 비즈니스 커뮤니케이션 활동이다. 따라서 고객과 원활하고 효과적인 커뮤니케이션이 수행되지 않는다면 영업에서의 성과를 기대하기 어렵다.

고객 또한 자사의 상황을 잘 이해하고 자신의 업무에 대한 풍부한 지식을 갖춘 영업전문가와 비즈니스를 하기 원한다. 여기서의 고객은 구매담당자뿐 아니라 실무자 혹은 현업 사용자를 일컫는다. 구매담당자와의 영업활동은 협상과 관련되어 있다. 따라서 구매담당자와의 영업활동에 대해서는 별도의 시리즈에서 영업협상이라는 주제로 다룰 것이다.

이 책에서는 영업전문가가 구매담당자를 포함한 현업 실무자를 대상으로 영업활동을 하면서 영업의 성과를 위해 요구되는 효과적인 커뮤니케이션을 위한 지식과 방법 그리고 기술들에 대해 알아보도록 한다.

노진경

차례
contents

영업패러다임의 혁신과 영업커뮤니케이션 이해

Chapter 1. 영업 패러다임의 혁신과 영업 커뮤니케이션 이해

① 영업 환경변화와 영업의 가치

1) 영업환경의 변화

영업전문가가 활동하는 영업환경은 엄청난 변화를 겪고 있다. 변화의 대부분은 고객과 시장의 변화이다. 이러한 변화는 영업전문가에게 영업활동의 장애물 또는 도전이 되기도 하지만 새로운 영업의 기회를 제공하기도 한다. 변화는 영업전문가 자사 내부에서 시작하기도 하지만 대부분 영업전문가가 부딪치고 극복하여야 하는 변화는 고객의 변화(니즈의 변화와 구매력의 변화 등), 고객의 트렌드, 시장의 흐름 변화, 영업전문가 조직의 경쟁사의 경쟁력 강화 및 고객의 경쟁사 전략변화, 대체재의 탄생(영업전문가 상품과 고객의 상품에 대한 대체재), 새로운 경쟁자(영업전문가 조직과 고객에게)의 출현 등이 변화의 중심에 있다. 이러한 변화를 인식하고 대응할 수 있는 능력을 갖추는 것이 영업전문가의 경쟁력 강화를 위한 필요조건이 되고 있다.

특히 오늘날의 영업환경 변화 중 고객의 힘(구매력과 협상력)이 점점 커지고 있는 것이 영업전문가들을 가장 힘들게 하는 요인이다. 공급이 수요를 초과한다는 것은 곧 치열한 고객 확보의 경쟁 속에 있다는 것을 의미한다. 영업전문가와 조직은 이러한 경쟁을 뚫고 고객을 확보하고 고객이 다른 경쟁사로 떠나가지 않도록 하여야 한다. 이러한 이유 때문에 기존 고객관리에 더 많은 집중을 하여야 하고 신규고객의 확보가 더욱 어려워지고 있다. 이와는 반대로 영업전문가가 영업의 대상으로 한 고객이 가진 이러한 구매력과 협상력은 영업전문가에게 새로운 기회를 제공해 주기도 한다는 것을 이해하고 활용할 수 있는 것이 무엇보다 중요해지고 있다.

고객이 지혜로워지고 까다로워지는 것은 영업의 성과 달성(특히 영업이익률 보호)에 큰 영향을 미친다. 이제 고객은 한 기업과 거래를 하지 않는다. 고객은 구매비용을 줄이기 위해 사용할 수 있는 모든 방법을 동원한다. 전략적 구매, 통합구매, 경쟁구매, 심지어는 자신에게 필요한 자원을 공급할 자회사를 직접 창업하거나 인수하기까지 한다. 고객이 힘을 가질수록 고객의 협상력은 커진다. 고객의 협상력이 커지면 영업전문가가 받아 오는 계약서의 숫자가 줄고 이와 더불어 영업 이익률이 작아진다는 것을 의미한다. 영업이익률은 영업전문가가 항상 주목해야 하는 가장 중요한 영업의 성과 중 하나이다.

경쟁사의 출현과 그들의 경쟁력 강화는 영업전문가가 경험하는 가장 힘든 상황이다. 이 경쟁사들은 시장에서 고객을 더 많이 확보하려고 경쟁을 불러온다. 때로는 고객이 이러한 경쟁을 부추기기도 한다. 이들은 영업전문가의 기존 고객을 공략해 자신의 고객으로 유치하려고도 한다. 영업전문가와 경쟁사 영업전문가는 새로운 시장 또는 고객을 두고는 먼저 계약을 하고자 치열한 경쟁을 한다. 때로는 강력한 품질과 기술적인 우위 또는 거래조건상의 우위(고객의 구매비용 절감)를 갖고 경쟁을 하기도 한다. 영업전문가는 고객의 산업구조상 고객의 구매전략과 경쟁구조를 잘 파악해 영업활동에 활용할 수 있어야 한다.

또 다른 요소로는 영업전문가가 속한 기업이 생산하는 데 필요한 자원을 공급하는 공급업자의 협상력 강화도 영업에 영향을 미친다. 공급업자의 협상력 강화는 곧 원가상승을 초래한다. 원가상승은 생산된 제품의 가격상승으로 이어지고 이는 영업에서의 거래 경쟁력(협상력)을 떨어지게 하는 원인이 된다. 이 또한 영업전문가의 고객도 마찬가지이다.

기술의 급속한 혁신은 새로운 경쟁사를 출현시키고, 대체재를 시장에 공급한다. 대체재의 존재 또한 영입전문가에게는 극복해야 하는 도전 중 하나이다. 영업전문가가 고객에게 대체재의 가치보다는 자신이 제안하는 상품의 가치가 높고 우월하다는 확신을 심어 주기란 쉬운 일이 아니다. 하지만 반드시 극복해야 하는 도전이다.

　영업환경의 변화가 영업전문가에게 위의 어려움과 장애물만을 제공하지는 않는다. 영업환경의 변화는 영업전문가가 공략하려는 고객에게 새로운 자원의 구매를 촉구한다. 이러한 변화는 고객이 스스로 달성하고자 하는 목표-B2B 고객은 경영상의 목표인 매출 향상 또는 이익 창출, B2BC 고객은 생활의 불편함 제거-를 더욱 높게 수립하도록 한다. 목표 수립은 현실과의 갭을 인식하게 하고 그 차이를 메우기 위한 새로운 전략 수립을 요구하고 이 새로운 전략은 실행을 위한 도구들을 요구한다. 영업전문가가 고객에게 제안하는 상품과 서비스는 대부분 고객의 목표 달성을 위한 전략 수행의 도구가 된다. 이것에 대해서는 뒤의 니즈 개발 부분에서 자세히 설명을 할 것이다.

　영업전문가가 관리하거나 공략하려는 고객은 자신의 경쟁을 극복하고, 자신의 고객을 확보하기 위해, 시장에서의 위치를 유지하기 위해, 더 많은 매출향상과 이윤을 창출하기 위해 달성할 목표와 해결해야 하는 많은 문제들을 갖고 있다. 이 새로운 목표들과 문제가 많음은 그만큼 영업의 기회가 많다는 것을 의미한다.

　어떤 고객이든 고객은 자신의 상황과 수준을 현재보다는 더 나은 수준으로 올리는 것을 목표로 한다. 이 목표가 고객의 수요와 니즈, 필요를 자극하고 고객이 구매의사결정을 하도록 한다.

　또한 고객이 가진 기존 공급업체에 대한 불만은-서비스 불만에서 상품 고유의 불만, 무리한 구매조건 등-또 다른 영업의 기회가 된다. 고객은 항상 더 나은 공급업체와 일을 하고자 하는 욕구를 갖고 있기 때문이다.

영업전문가가 몸담고 있는 자사의 기술혁신은 원가절감과 신제품 개발을 가능하게 한다. 이는 새로운 시장과 고객의 확보, 더 많은 매출의 기회를 제공한다. 기술혁신을 통한 원가절감은 거래 경쟁력(협상의 파워)을 강화시켜 경쟁사를 물리치고 고객과의 비즈니스를 가능하게 한다.

이러한 모든 변화는 영업전문가에게 영업의 도전과 기회를 제공한다. 영업전문가는 자사와 고객이 속한 산업과 시장, 고객의 변화와 흐름에 대해 늘 관심을 갖고 정보를 수집-분석-활용할 수 있어야 한다. 즉 시장과 고객의 변화와 혁신에 좌절하거나 두려워하지 말고 기회를 보고 기회를 찾는 시각으로 바라보아야 한다.

또한 정보통신의 발달은 새로운 차원의 영업활동을 지원한다. 노트북, PDA, 스마트 폰 등은 언제 어디서는 고객과 커뮤니케이션을 할 수 있도록 영업활동을 지원한다. 이를 영업자동화시스템 [SFA(Sales Force Automation)]이라고 한다. 이 시스템은 영업전문가 개인의 역량을 확장 및 강화시켜 주며, 효과적이고 정확한 정보를 실시간으로 활용할 수 있게 지원함으로써 궁극적으로는 영업의 생산성을 향상시킨다. 그리고 영업자동화를 통해 영업활동상의 영업비용을 절감할 수 있게 한다. 물론 이러한 성과는 이 시스템들을 활용할 수 있는 자사의 시스템과 영업전문가 개개인의 역량에 달려 있다.

SFA는 영업전문가가 영업활동을 수행하는 데 필요한 정보나 솔루션(고객의 요구를 해결하는 제안)들을 전사 차원에서 지원해 보다 효율적으로 영업활동을 할 수 있도록 지원해 준다. 이 시스템으로 영업전문가는 고객관계관리(CRM)의 구성요소로 제품관리, 고객접점 관리, 영업기회 관리, 리포팅, 예측, 전자캘린더 등 업무를 실시간으로 수행할 수 있도록 한다. 이러한 시스템은 영업전문가의 영업활동력과 생산성 그리고 대고객 응대수준을 향상시켜 줄 것이다. 중요한 것은 이 시스템을 영업전문가 혼자서는 구축할 수 없다는 것이다. 조직이 전략적인 차원에서 지원을 하여야 가능하다.

2) 영업의 가치

영업전문가는 자사의 상품과 서비스(상품으로서의 서비스)로 고객이 가진 문제를 해결하는 방법과 그 이익, 고객이 원하는 욕구(니즈)를 충족하는 방법과 그 이익을 설득력 있게 제안해 고객이 스스로 구매하도록 하는 비즈니스 전문가이다.

그리고 영업전문가의 성과는 자사의 성장과 발전의 토대인 매출액이익 수준을 결정한다. 이러한 영업전문가의 활동은 고객에게뿐 아니라 자사에서도 중요한 가치를 갖는다. 이를 정리하면

① 고객에게
  ⓐ 업무상의 문제해결

ⓑ 불편함의 제거

ⓒ 새로운 편리함 확보

ⓓ 목표달성－이윤확보, 매출향상, 생활의 편리함, 자기 정체
감 충족 등

ⓔ 경쟁력 확보

ⓕ 신제품 개발

ⓖ 새로운 시장 개척

ⓗ 고객만족, 원가절감, 품질향상

ⓘ 구매비용의 합리적인 절감 등의 가치를 제공한다.

이러한 가치는 고객이 영업전문가의 제안을 검토하고 구매를
결정하는 동기와 요인이 된다. 이 동기와 요인을 영업에서는 '고
객의 니즈'라고 한다. 이에 대해서는 뒤에서 자세하게 알아볼 것
이다.

② 자사에는

ⓐ 목표달성－매출향상

ⓑ 매출 이익률 보호, 확보(계약서의 성과 수준 향상)→재투
자 역량강화

ⓒ 새로운 시장 및 고객확보

ⓓ 고객관리를 통한 기존 고객 유지 및 거래 강화/확대

ⓔ 시장 개척

ⓕ 신제품 개발 아이디어

ⓖ 자사의 목표달성 지원 - 성장과 확대 경영의 자원확보 등의 가치를 제공한다.

　영업전문가는 자신의 역할이 자사뿐 아니라 고객에게도 자신이 생각하는 것보다 훨씬 가치 있고 중요한 것임을 인식하여야 한다. 이를 위해서 영업업무를 바라보는 시각 또한 혁신적으로 바뀌어야 한다. 상품과 서비스를 판매하지 말고 고객이 스스로 구매하도록 설득하고, 고객이 구매를 통해 얻는 가치를 논리적으로 그리고 설득력 있게 전달할 수 있어야 한다. 이를 위해 영업전문가는 자신감과 확신을 갖고 제안하는 영업활동을 전개할 수 있어야 한다. 이를 위해서는 몇 가지 사고와 행동을 혁신하여야 한다. 그것에 시리즈 1에서 강조를 하였지만 여기서 다시 한번 강조를 한다. 왜냐하며 시리즈 1을 읽지 않은 독자가 있을 것이므로……

② 영업실무자의 패러다임과 역할 혁신

1) 버려야 하는 패러다임

　영업전문가들에게 영업활동에서 가장 힘든 것이 무엇인가? 왜 영업을 힘들어하는가? 고객들이 가장 많이 요구하는 것이 무엇이고 무엇에 반대를 하는가? 하는 질문을 던진다. 나오는 대부분의 답은 '가격 조정', '품질조정', '납기', '결제조건과 방법', '고객이 약속을 어긴다', '고객이 고자세로 나온다', '고객이 영업전문가를 무시한다' 등이다. 당신의 대답도 같은가? 여기에 덧 붙여서 또 하나의 질문을 던진다. 당신은 주로 고객사의 어느부서 실무자를 만나는가? 위의 내용을 이야기하는 고객은 누구인가? 이 질문에 대한 답은 거의 100% '구매담당자'라는 답이 나온다.

여기서 또 하나의 추가적인 질문을 던진다. 그럼 구매담당자가 하는 역할은 무엇인가? 즉 이번 구매에서 고객기업의 구매부는 무슨 역할을 하는가? 라는 질문이다. 당신은 어떤 답을 하겠는가? 이것에 대해서는 뒤에서 자세히 알아볼 것이다. 그 다음의 결정적인 마무리 질문-영업과 협상은 다른 것인가? 같은 것인가? 라는 질문을 던진다. 당신의 답은?

영업과 협상의 차이가 무엇이고 왜 이 둘을 구분하여야 하는가? 각각의 성공요소와 방법들에 대해서는 이 책의 중간중간에 강조할 것이다. 기억할 것은 영업전문가가 우수한 성적의 영업성과인 높은 점수의 성적표(이익이 많이 남는 정도)를 받기 위해서는 영업과 협상을 명확히 구분할 수 있어야 한다는 것이다.

고객은 왜 자신과 조직의 업무를 도와주러 방문을 한 영업전문가를 무시하고 고자세를 보이며, 영업전문가를 무엇 쳐다보듯이 하는가? 고객이 이러한 태도를 보이는 것의 책임은 상당 부분 영업전문가에게 있다. 물론 고객에게도 그 책임?이 있다. 고객의 책임은 좋은 조건의 구매를 위한 전략에서 나온다. 고객에게 필요하고 가치 있는 솔루션을 준비해 온 영업전문가를 고객은 절대로 홀대할 수 없다. 하지만 사전에 약속도 없이 불쑥 방문해 시간을 허비하게 하고, 구매이유를 논리적으로 제안하는 대신 상품 자랑만 하고, 눈치를 주어도 자리에서 일어날 기미를 보이지 않고 틈만 나면 판매하려 시도하는 영업전문가를 누가 좋아하겠는가? 이러한 고정관념과 행동에 젖어 있는 영업전문가는

① 발로 뛰는 영업→구석구석형
② 상품설명 중심의 영업→일방통행형
③ 조건영업→깎아주는 영업
④ 양보영업→가격 외 계약조건을 양보하는 영업
⑤ 테크닉 구사형→책임질 수 없는 약속을 하는, 임기응변으로 고객을 설득하는 영업을 할 수밖에 없다.

발로 뛰는 영업은 일단 밖으로 나가 고객을 만나야 한다는 방문 중심의 영업활동을 한다는 것이다. 영업활동은 고객방문/상담이 기본이다. 하지만 준비 없이 방문을 한다는 것은 의미가 없다. 특히 B2B 영업의 경우에는 더욱 지양해야 하는 영업행태이다. 목적 없이 방문하는 것은 영업활동의 초점 즉 영업목표가 없는 것이다. 이러한 경우 영업비만 과도하게 들어간다. 고객 또한 충분한 준비와 목적(고객 입장에서 영업전문가와 상담을 해야 하는 이유)

없이 방문하는 영업전문가를 반기지 않는다. 이러한 영업전문가를 자신의 시간을 빼앗아 가는 방해꾼으로 생각한다. 그 결과는?

상품 중심의 영업상담은 고객이 상담의 중심이 되는 것이 아니기 때문에 고객이 상담에 소극적으로 나오고 거절과 저항을 한다. 앞에서도 강조하였지만 고객은 자신의 필요와 욕구 때문에 구매를 한다. 상품은 그 필요와 욕구를 채워 주는 수단이고 도구일 뿐이다. 제품 SPEC만 늘어놓는, 즉 자신의 상품이 가진 자랑만 길게 설명하는 영업전문가를 누가 반길 것인가?

조건영업은 회사가 자신에게 주어진 영업상의 권한(주로 협상의 권한－가격 할인 권한 등)을 쉽게 포기하면서 고객에게 조건을 일방적으로 제공하는(깎아 주는) 영업을 한다는 것을 의미한다. **양보영업**은 고객의 크고 작은 반대에 부딪힐 때마다 고객의 마음을 얻기 위해 그의 요구를 수용해야 한다는 생각/믿음을 갖고 아무것도 얻는 것이 없이 일방적으로 양보(협상을 위한 '전략적인 양보'의 경우는 제외)하는 영업을 의미하며, **테크닉 구사형**은 자신이 책임질 수 없는 조건들, 자신이 제안하는 상품이 해결할 수 없는 문제와 욕구를 해결할 수 있다고 얼렁뚱땅 넘어가면서 영업을 마무리하거나 지킬 수 없는 약속(거래조건, 문제해결 등)을 하면서 임기응변으로 고객을 설득하려는 영업 스타일을 말한다. 결국 이러한 영업활동의 모든 책임(클레임, 불평, 고객이탈, 다음의 조건 악화 등)은 영업전문가에게 되돌아온다.

당신의 영업스타일은 어떠한가? 최근에 헛걸음이 된 방문은 있었는가? 상품설명을 하다가 고객의 제지('알겠다, 자료를 두고 가면 검토 후 필요할 때 연락 주겠다'라고 하면서)를 당한 적이 있는가? 그렇다면 당신의 영업 스타일과 상담의 수준을 바꿔야 한다. 그렇지 않다면 영업전문가에게 동기부여도 되지 않을뿐더러 영업의 성과인 이익률 또한 대부분 아주 낮을 것이다.

이러한 실수를 범하지 않고 이익률을 올리기 위한 영업을 위해서는

① 영업과 협상을 명확히 구분해야 한다.
② 영업의 설득무기와 협상의 설득무기가 다르다는 것을 인식해야 한다.
③ 영업의 준비와 협상의 준비 또한 다르다는 것을 알고 활용해야 한다.
④ 가급적 협상을 하지 않고 영업활동에서 표준견적서로 고객을 설득하는 데 성공해야 한다.
⑤ 영업전문가가 상담하는 상대방의 구매과정에서의 역할과 관심사를 명확하게 이해하고 활용할 것 등을 알아야 한다. 이것에 대해서는 이 책에서는 간단히 소개를 할 것이다. 보다 자세하고 실제적인 내용은 협상을 다루는 책에서 심도 있게 정리하도록 한다.

위의 5가지 사실을 알고 영업활동에 적용하려면 기존에 자신이 갖고 있는 영업 습관과 패러다임을 바꿔야 한다. 물론 쉬운 일은

아닐 것이다. 자신에게 익숙한 습관과 패러다임을 깨고 새로운 습관과 패러다임을 익힌다는 것은 과거의 습관과 패러다임에 익숙한 영업전문가들에게는 큰 도전이다. 하지만 위의 패러다임을 벗어나지 못한다면 새로운 기회도 없다는 것을 알아야 한다.

2) 가져야 하는 패러다임

조직이 기대하는 영업의 성과는 많은 매출에만 있는 것이 아니다. 매출이 중요한 만큼 매출이익률 또한 매우 중요하다. 영업전문가는 자신이 땀 흘려 받아 오는 계약서가 이익이 많이 나는(마진을 보호한) 계약서가 되어야 가치가 있다는 것을 명심하여야 한다. 열심히 일하는 것과 제대로 일하는 것이 다르듯이 영업의 결과도 그러하다.

좋은 조건의 계약내용으로 높은 점수를 받는 계약서 즉 매출이익이 높은 계약서를 받아 오기 위해서는 영업과 협상의 관계, 매출과 이익률과의 관계에 대해서 새롭게 인식하고 도움이 되는 지식과 행동을 실천해 습관화하고 고객과 영업활동을 바라보는 패러다임의 혁신이 요구된다.

(1) 첫 번째 패러다임 - 영업과 협상의 구분

필자는 강의 시간에 만나는 영업전문가들에게 "영업과 협상은 어떻게 다른가?"라는 질문을 던지면 대부분 이 둘의 구분을 어려워한다. 어떤 이는 영업과 협상을 같은 것으로 인식하고 있다. 다른 이는 영업과 협상을 구분하지만 현실에서는 구분되지 않는다고 한다. 맞는 답이다. 그리고 몇몇은 질문 자체에 의문을 갖기도 한다.

매출을 올리기 위해서는 많은 가망고객을 만나고 그들을 설득하는 영업활동을 전개하여야 한다. 하지만 높은 이익을 보장하는 계약서를 받아 오기 위해서는 협상활동을 효과적으로 수행하여야 한다. 이를 위해서 우선적으로 우수한 계약서의 조건을 알아야 한다. 가장 우수한 계약서, 즉 회사로서 가장 이익이 많이 남는 영업성과(마진 100% 보장)는 회사의 표준견적서대로 계약을 받아 오는 것이다. 회사는 처음 견적서를 만들 때 회사로서 가장 이익이 많이 남는 조건들을 표준견적서로 만든다. 따라서 고객이 이 표준견적서의 내용을 하나라도 수정하지 않고 의사결정을 하고 사인하였다면 그 계약서는 가장 성적이 좋은 영업의 성과가 된다.

영업은 고객으로 하여금 표준견적서대로 자사와 비즈니스를 하도록 고객을 설득하는 비즈니스 업무이다. 대부분의 영업전문가들은 영업이 어려운 이유로 '가격이 비싸다', '경쟁사가 훨씬 좋은 조건을 제시한다', '고객이 까다롭다' 등등을 이야기한다. 그럼 이러한 어려움 없이 고객이 스스로 회사를 찾아오거나, 연락해 회사가 원하는 만큼의 물량과 원하는 조건대로 상품과 서비스를 구매해 간다면 영업업무가 존재할 것인가? 그리고 고객의 이러한 반응은 의도적인 것으로 가격을 깎거나 영업전문가를 힘들게 하려는 것이다. 이유는 고객의 목적인 자신에게 유리한 조건으로 구매하기 위한 전술을 펴는 것이다. 따라서 영업은 상품과 서비스를 있는 그대로, 즉 회사의 표준견적서대로 구매하도록 설득하는 것이고, 협상은 거래조건들의 변경(견적서의 내용 변경-일단 손대면 이익률은 저하)수준을 제안과 역제안하고 영업전문가와 고객(구매담당자) 모두 자신이 원하는 수준으로 합의를 보는 것이다. 이렇게 영업과 협상이 다르다는 것을 알아야 한다. 다르다는 것은 다른 기술과 방법을 요구한다는 것이다. 어떤 지식과 기술이 요구되는 것인가는 앞으로 하나씩 알아볼 것이다.

(2) 두 번째 패러다임 - 영업의 설득 무기와 협상의 설득무기 차이 인식

영업이든 협상이든 비즈니스 커뮤니케이션이든, 특히 고객과의 비즈니스 커뮤니케이션의 목적은 고객을 설득(영업전문가의 제안을 고객이 수용하는 것)하는 것이다. 설득은 **"상대의 동기를 기술적으로 움직여 상대가 자신이 원하는 대로 사고하고 판단하고 행동하도록 하는 의도적인 시도"**라고 정의된다. 여기서 중요한 사실은 설득은 상호 이익(고객은 자신의 동기를 채우고, 영업전문가는 자신의 요구대로 고객이 행동)이라는 것이다. 영업전문가들에게 설득을 하는 쪽과 설득당하는 쪽 중 어느 쪽이 이익인가 하는 질문을 던지면 많은 참석자들은 설득을 하는 쪽이 이익이라고 대답한다. 이렇게 설득을 바라보기 때문에 영업전문가는 자신의 욕구에 맞는 커뮤니케이션을 준비하고, 그 결과 고객을 설득시키기 어려워진다. 이 또한 바꿔야 할 잘못된 패러다임이다. 설득은 어느 한쪽의 이익이 아니다. 설득을 잘 하고 싶으면 상대(고객)의 동기를 파악하고 이를 채워 주는 메시지를 준비해 전달하여야 한다. 이 준비가 설득의 무기이다.

그럼 설득의 무기는 무엇인가? 바로 상대(고객)에게 이익이 되는 결과물이다. 설득하는 측의 이익이 아니고 설득당하는 측의 이익을 명확하게 준비하여야 한다. 이 결과물은 가시적일 수도 있고 비가시적인 것일 수도 있다. 설득하는 쪽이 설득당하는 쪽이 얻는 이익을 논리적으로 전달해 상대가 기꺼이 설득당하도록 제안하는 메시지와 자료들이 설득의 무기이다. 여기서 버려야 하는 영업전문가의 고정관념은 설득하는 사람은 자신의 이익만을 강조해서는 안 된다는 것이다. 이 또한 대부분의 사람들이 잘못 알고 습관화되어 있는 버려야 하는 패러다임이다. 즉 대부분의 사람은 상대를 설득할 때 자신이 기대하는 것, 자신이 원하는 것 중심으로 이야기를 한다. 상대가 얻는 이익 혹은 상대가 기꺼이 설득당하는 동기에 대해서는 대부분 생각하지 않거나 중요하게 여기지 않는다.

그럼 영업의 설득 무기는 무엇인가? 영업의 설득 무기는 영업전문가가 제안하는 상품과 서비스가 해결해 주는 고객의 문제(대부분 업무상 문제) 또는 채워 주는 고객의 욕구와 그 결과로서 얻는 이익(궁극적인 이익-경영목표 달성, 경영전략 실행) 그리고 그것을 보장해 주는 사례와 증거의 논리적인 구조이다.

즉 고객이 개인이든 기업이든 자신의 돈을 투자할 수밖에 없는 현실적인 문제와 욕구 그리고 그 문제와 욕구를 해결하였을 때 고객이 얻는 투자 이상의 이익을 그 근거자료를 제안해 고객이 반드시 구매결정을 할 수밖에 없도록 만드는 것이 영업스킬이고 그때 사용하는 자료들이 영업의 설득무기이다. 이 무기가 강력하면 강력할수록 고객은 협상하지 않거나 협상하더라도 힘을 갖지 못한다.

그럼 협상에서의 설득의 무기는? 바로 거래조건들이다. 당신이 오늘도 갖고 있는 회사의 견적서와 계약서에는 어떤 내용들이 포함되어 있는가? 그 내용은 몇 가지인가? 당신이 유능한 영업전문가라면 반드시 알고 있을 것이다. 견적서와 계약서의 모든 내용이 협상의 무기(합의할 조건)들이다. 이때 초기 조건을 고객이 수용하도록 하는 것이 협상에서의 설득이다. 즉 거래조건의 교환과 합의가 협상의 설득 무기인 셈이다. 여기서 중요한 것은 영업전문가가 제안하는 초기 조건으로 고객을 설득해 계약을 성사시키지 못한다면 계약서의 내용은 다시 재수정이 된다. 재수정된 계약서의 내용은 반드시 처음 계약서보다 이익률에서 불리해진다. 이를 극복하기 위해서 영업전문가는 영업의 준비와는 다른 협상의 준비를 하여야 한다.

결론적으로 영업전문가는 협상이 무기(거래 조건)로 영업(가격을 깎아 주는 영업, 조건을 미리 양보하는 영업)을 해서는 안 된다. 올바른 영업활동으로 고객을 먼저 설득(상품과 서비스의 가치를 인식하고 구매욕구가 생기도록)하는 것이 우선이다. 영업전문가가 충분한 영업활동을 하기 전에 고객이 견적서를 요구하면서 협상을 하고자 하는 것은 ① 거래의 절박함이 있거나-상품과 서비스를 구매해야 하는 다급함, ② 구매 계획에 있는 상품과 서비스를 구매하는 데 구매실무자가 전권을 가진 경우, ③ 영업전문가를 괴롭혀 많은 양보를 얻어 내려는 전술이거나 ④ 거래에 관심이 없고 장래를 위해 필요한 정보 수집 차원이거나 ⑤ 다른 공급업체와 구매협상을 하면서 대안으로 활용하려는 전술을 펴고 있다는 것을 의미한다. 고객이 먼저 협상하고자 한다면 영업전문가는 고객이 충분히 영업의 무기에 설득당하였는지(구매할 의사가 확실한지, 영업활동-제안서, 프레젠테이션 등의 활동이 필요 없는지)를 확인하여야 한다. 그렇게 하지 않으면 고객은 영업과 협상을 동시에 다루면서 자신에게 유리하게 상담을 이끌어 갈 것이다. 영업전문가가 만나는 대부분의 고객(구매담당자)은 이러한 작전을 철저하게 준비를 하고 자신의 계획대로 수행을 한다.

(3) 세 번째 패러다임-영업의 준비와 협상의 준비 차이 인식과
    활용

높은 수준의 성적을 올리기 위해서는 평소의 공부가 필요하듯이 매출을 많이 올리면서도 이익이 많이 남는 계약서를 받아 오기 위해서도 평소의 준비(영업의 준비와 협상의 준비)가 필요하다. 효과적인 준비를 위해서는 영업의 준비와 협상의 준비가 다르다는 것을 알아야 한다. 당신은 이 둘의 준비가 다르다는 것을 이해하였을 것이다. 그리고 앞에서 영업의 설득무기와 협상의 설득무기

가 다르다고 했다. 그럼 그것을 준비하는 것 또한 다른 것이 당연한 것이 아닌가?

영업의 준비는 영업전문가 혼자서도 할 수 있다. 영업전문가는 영업활동을 하기 전 자사의 상품과 서비스에 대해 지식을 쌓는다. 이것은 회사의 카탈로그나 상품 설명서를 읽음으로써 가능하다. 그리고 회사의 다른 영업전문가와 과거 고객들을 분석해 자신이 누구를 또는 어떤 기업과 업종을 공략해야 하는지도 스스로 학습하고 결정할 수 있다. 스스로 학습되지 않더라도 선배나 상사로부터 도움을 받을 수도 있다. 이 도움은 한 번으로 끝날 수도 있고 수차례 반복될 수도 있다. 그리고 영업활동을 하면서, 경험을 쌓아 가면서 더 효과적으로 판매하는 상품과 서비스의 가치를 발견하고 새로운 고객을 발굴할 수도 있다. 이 또한 혼자서 가능한 일이다. 회사는 영업전문가들에 이러한 학습을 할 수 있는 시간과 공간을 제공해 주기도 한다. 사실 대부분 의 기업은 준비가 잘 되어 있다. 따라서 잘못된 고객을 타깃으로 정하거나, 잘못된 제안서를 작성하는 것, 프레젠테이션을 효과적으로 진행하지 못하여 영업의 성과를 올리지 못하는 것은 영업전문가의 책임이다.

하지만 협상은 이와는 전혀 다른 준비과정이 요구된다. 실제 협상은 영업전문가가 진행하지만 실제로는 고객의 구매력과 자사의 판매능력을 누고 서래조건을 조율하는 회사 대 회사의 역량을 겨루는 것이다. 즉 협상을 한다는 것은 그 창구가 누구든 회사의 역량(구매능력과 판매능력)을 등에 업고 상대방과 거래조건을 제안

-교환-조정-타협-합의하는 것이다. 영업도 회사의 역량을 업고 하는 것이 아니냐는 질문을 할 것이다. 물론 그렇다. 하지만 영업은 상품과 서비스의 가치로 고객(사용자, 실무부서)을 설득하는 것으로 교환할 수 있는 것이 아니고 설득하는 것이다. 거래조건인 조직의 역량 교환은 협상에서만 가능하다. 둘째, 영업전문가가 영업활동에서 제안하고 설득하는 고객의 니즈인 문제와 해결책은 변하지 않는다. 즉 고객 입장에서는 자신의 문제해결에 다양한 선택안들이 있을 수 있지만 영업전문가는 자신의 해결안만이 고객을 설득하는 유일한 무기이다. 영업전문가가 제안하는 상품과 서비스가 해결할 수 없는 문제와 충족시킬 수 없는 니즈를 가진 고객은 고객이 될 수 없다. 따라서 영업전문가는 자신이 준비한 해결안이 고객의 문제해결과 니즈충족에 최선의 선택안이 되어야 한다. 하지만 협상은 수 개의 또는 더 많은 숫자의 거래조건을 놓고 서로가 원하는 조건을 제안하고 조정하면서 합의하는 과정이다. 여기서 중요한 핵심은 협상에서 합의하는 거래조건은 영업전문가 혼자 준비할 수가 없다는 것이다. 영업전문가는 자사의 모든 이해관계자들과 지속적인 협의와 상의를 통해 매번 협상의 조건들을 준비해야 한다. 그리고 협상은 한 번의 만남으로 결론지어지는 경우는 드물다. 고객은 협상을 할 때는 시간적인 여유를 가지고 협상에 임한다. 이 말은 고객 또한 한 번의 협상으로 자신이 원하는 것을 얻을 수 없다는 것을 알고 수차례에 걸친 협상(구매협상)을 준비한다는 것이다. 따라서 영업전문가가 협상의 횟수를 제

한할 이유도 힘도 없다. 아니 제한할 수도 없다. 협상의 횟수를 제한하고 싶은 영업전문가의 욕심은 곧 협상의 파워를 떨어뜨리는 결과를 초래한다. 그리고 매 협상 시 협상 테이블에 올려지는 것도(합의할 거래조건들) 달라질 수 있다는 것을 알아야 한다. 이 모든 준비를 위해 영업전문가는 자사의 내부역량을 총동원하여야 한다. 이것이 영업과 협상을 구분해 준비하고 대응해야 하는 가장 핵심적인 이유이다. 이 영업전문가가 수행해야 하는 협상에 대해서는 다른 연속되는 시리즈에서 자세히 알아볼 것이다.

결론적으로 영업의 성적표인 계약서의 수준은 영업능력(협상하지 않고 계약을 성사시키는 능력-뒤에서 알아본다)과 계약의 조건을 합의하는 협상능력이 좌우한다고 볼 수 있다. 당신이 매출을 올리는 우수한 영업전문가이고 또한 매출 이익률을 극대화하는 영업전문가가 되고자 한다면 이 둘의 능력을 계발하고 강화하여야 한다. 그리고 영업에 대해서든 협상에 대해서든 기존의 패러다임을 혁신적으로 바꾸지 않는다면 이 두 능력을 쌓기는 불가능하다는 것을 알아야 한다. 물론 그 능력들을 활용하는 기술 또한 혁신하여야 할 것이다.

(4) 네 번째 패러다임-조건영업을 하지 않고 영업에 성공하기

그렇다면 협상하지 않고 영업을 마무리할 수 있을까? 물론 가능하다. 단 이 경우는 다음의 두 가지 중 하나일 것이다. 하나는 고객이 절대적인 구매 필요성(불량문제 해결, 돌발적인 문제발생)

이 발생하여 구매조건보다는 상품과 서비스의 확보가 중요해 협상할 여유가 없는 경우이거나, 또 하나는 영업전문가가 먼저 모든 것을 양보해 영업전문가 스스로 협상을 포기(고객의 요구조건을 한 번에 모두 수용해 주는)한 경우일 것이다. 이 둘에 포함되지 않은 이유로 협상하지 않고 계약을 성사시켰다면 그 영업전문가는 아주 우수한 영업능력을 갖추었다고 인정할 수 있다. 이를 위해서는 영업에 대한 선입견을 과감히 버려야 한다. 당신은 영업을 어떻게 정의하는가? 누군가 당신에게 무슨 일을 하는가 하고 묻는다면 어떤 대답을 할 것인가?

앞에서도 강조하였듯이 영업은 물건을 판매하는 것이 아니다. 영업전문가가 고객을 구워삶아 영업전문가가 원하는 것(계약)을 얻는 것은 더더욱 아니다. 영업전문가가 아무리 미사여구로 포장하고 그럴듯하게 말해도 고객이 필요성을 느끼지 못하거나 필요 없다면 상품과 서비스는 팔리지 않는다. 그럼 영업은 무엇인가? 이 답을 위해 입장을 바꿔 놓고 보자. 당신은 왜 자신의 돈을 써서 새로운 물건이나 서비스를 구매하는가? 이유는 당신이 가진 문제(개인적 또는 업무적)와 채우고자 하는 욕구(목표와 현실과의 차이)를 위해 그 해결 수단으로 어떤 상품 또는 서비스를 구매하는 것이다. 이것을 영업전문가 입장에서 해석한다면 영업전문가가 제안하는 상품과 서비스가 **"고객이 가진 문제를 해결하고 채우고자 하는 욕구를 채우는 데 가장 적합한 대안일 때 고객으로부터 선택"**을 받는 것이라고 해석할 수 있을 것이다. 즉 영업은 영업전문가가 상품과 서비스를 판매하는 것이 아니고 고객이 스스로 구매하도록 설득하는 비즈니스 활동이다. 따라서 영업전문가는 영업을 "자신이 제안하는 상품과 서비스가 가진 SPEC이 고객의 문제를 해결하고 욕구를 채우는 데 최적의 대안이라는 것을 논리적인 근거와 신뢰를 주는 사례/증거들을 통해 고객을 구매하도록 설득하는 것이다"라고 이해하여야 한다. 영업전문가가 판매를 하는 것과 고객이 스스로 구매하는 것은 어떤 차이가 있을까? 고객이 스스로 구매하면 영업의 이익률이 달라진다.

이렇게 영업전문가의 역할과 영업을 정의하는 것이 중요한 것은 협상하지 않고 성공하는 영업을 위한 올바른 방법이기 때문이다. 영업전문가는 고객이 찾고 있는 자신들의 문제해결과 욕구충족의 대안에 자신이 가진 솔루션(상품과 서비스의 가치)이 최적이라고 믿게 만들어야 한다. 이 믿음의 강도가 영업에서 비즈니스를 마무리하는 중요한 요소이다.

영업전문가는 자신의 역할을 고객의 문제해결자, 고객의 비즈니스 성공을 지원해 주는 파트너라는 역할 정체성을 가질 때 더욱 자신감 있게 영업활동을 전개하고 영업의 이익률을 올릴 수 있는 것이다. 협상의 내용은 항상 제일 마지막에 대화의 소재로 삼아라. 고객이 먼저 협상을 제안하도록 하라. 고객이 말하지 않으면 절대로 먼저 양보(전략적 양보는 제외)하겠다는 등의 이야기를 꺼내지 마라. 이 말은 고객이 자신의 구매력 문제를 도와 달라고 요청하도록 하라는 것이다. 영업전문가는 영업활동의 우선순위를 고객이 영업전문가의 해결책에 확신이 들도록 만드는 데 집중하여야 한다. 고객이 가진 문제해결의 욕구와 해결책에 대한 대안이 영업전문가의 제안이라는 확신을 갖게 하는 것은 영업성적표의 점수(매출 이익률의 수준)를 올리는 지름길이다.

추가로 영업의 1차 목표인 효율적인 영업활동과 이익률 100%를 보호하는 매출을 올리기 위한 영업을 위해서는 다음의 패러다임을 가지고 영업활동의 수준을 올려야 한다.

(5) 기타 영업 패러다임 혁신

① 발로 뛰는 영업, 맨땅에 헤딩하는 영업, 구석구석 돌아다니는 영업활동을 전략적인 영업활동으로 승화시켜라. 고객을 철저히 분석하고 고객에게 맞는 영업활동을 기획하도록 하라. 무모하고 무리한 영업활동으로 인해 발생하는 영업비용을 줄여야 한다.

② 상품자랑(SPEC 위주의 영업) 중심의 영업에서 솔루션(고객의 문제해결과 욕구충족) 중심의 영업활동을 하라. 즉 가치 중심, 고객이 구매해야 하는 이유와 그 결과로서의 이익을 논리적으로 제안해 고객이 스스로 구매하도록 설득하는 영업활동을 하라.

③ 깎아 주는 영업, 조건부 영업을 멈추고 협상을 준비하고 전개할 수 있는 영업활동을 하라. 가격이 싸다고 모든 고객이

구매하지 않는다는 사실을 알아야 한다. 고객 자신이 투자할 가치를 인식할 때 구매한다.

❸ 영업 커뮤니케이션의 사이클과 장애물 이해 및 제거

1) 커뮤니케이션의 이해

커뮤니케이션은 "언어, 제스처, 표정, 다양한 도구 등을 매체로 개인 또는 집단 상호 간의 생각, 의견, 아이디어를 교류하는 상호 작용적인 활동"이다. 영업활동에서 커뮤니케이션은 영업전문가와 고객사이에 일어나는 수많은 상호 작용과 그 상호 작용에서 전달되고, 확인되는 메시지의 교환활동으로 서로가 원하는 목표(영업전문가-좋은 조건의 거래(이익률 확보)를 위해 고객이 구매하도록 설득하는 것, 고객-필요한 것을 필요할 때, 필요한 만큼, 원하는 조건으로 구매) 달성을 위해 활용하는 비즈니스 도구이다.

커뮤니케이션의 일반적인 구조는 아래의 그림과 같다.

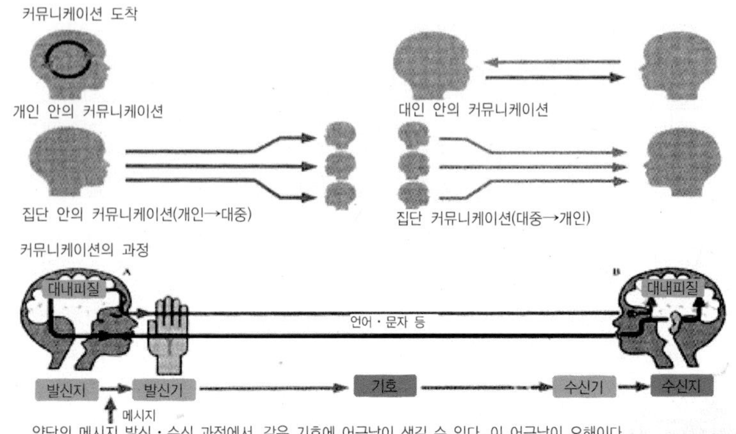

〈그림 1-1〉 커뮤니케이션 구조

위의 커뮤니케이션 구조에 대해서는 설명이 필요 없을 만큼 명확하다. 관건은 이것을 영업현장에서 효과적으로 활용해 영업전문가가 원하는 목표를 달성하는 것이다.

영업전문가는 자신의 영업활동 성과와 목표달성을 위해 효과적인 커뮤니케이션(고객을 설득)을 할 수 있어야 한다. 이를 위해서는 영업의 성과를 위해 영업전문가가 자신이 준비한 영업 메시지(상품설명)를 일방적으로 전달해서는 안 된다는 것을 의미한다. 이유는 일방적인 커뮤니케이션의 결과는 영업전문가가 바라는 성과달성을 힘들게 하거나 불가능하게 만들기 때문이다. 고객을 설득하는데 실패한다는 것이다. 영업전문가가 커뮤니케이션을 통해 자신이 바라는 목표(고객을 설득해 구매하도록 하는)를 달성하기 위해서는 상호 작용적으로 커뮤니케이션(말하기와 듣기, 고객이 얻는 이익과 고객이 스스로 구매가치를 인식하도록 하는 것)이 진행되어야 한다는 것을 의미한다. 이것이 의미하는 또 하나의 중요한 메시지는 고객이 구매하는 것은 영업전문가가 말을 잘하기 때문이 아니라는 것이다. 고객은 자신에게 도움이 되고 필요한 상품과 서비스를 구매하는 것이지 영업전문가가 좋은 상품이라고, 가격을 깎아 준다고 구매하는 것이 아니라는 것을 의미한다. 또 다른 의미는 영업전문가가 말을 많이 해서는 고객의 마음을 열고 얻는 데 한계가 있다는 것을 의미한다.

효과적인 커뮤니케이션 기술은 까다로운 고객의 마음을 열게 한다. 고객이 스스로 무엇이 문제이고 자신이 원하는 것이 무엇인지를 말하도록 한다. 고객의 저항/거절/거부 이면의 상황을 이해하고 파악해 고객을 만족시키는 메시지를 준비하고 전할 수 있게 한다. 영업의 경쟁력을 강화시켜 준다. 고객의 필요와 요구를 파악하는 지름길이다.

영업전문가가 고객과 상담에서 활용할 수 있는 커뮤니케이션 구조와 흐름을 다시 정리해 보자. 위의 커뮤니케이션 구조를 영업 커뮤니케이션 구조로 단순화하면 아래의 사이클로 정리할 수 있다.

영업전문가는 자신의 정보, 지식, 아이디어, 상품가치 등을 자신의 메시지(표현되는 단어, 다양한 커뮤니케이션 도구-제안서, 시연 등을 언어, 비언어적인 방법으로)로 고객에게 전달한다. 이때 영업전문가가 고객에게 메시지를 전달할 때는 목적이 있다. 이 목적의 달성 여부는 고객이 보여 주는 반응인 피드백에 따라 결정

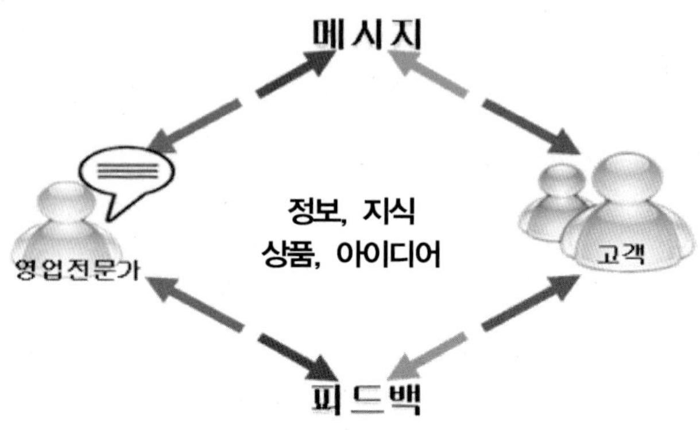

〈그림 1-2〉 영업 커뮤니케이션 구조

된다. 즉 고객이 영업전문가가 원하는 반응(계약, 프레젠테이션 약속, 제안서 제출 약속을 해 주고, 영업의 단계 진행을 허락하는)을 보인다면 이 영업상담은 성공적으로 진행된 것이다.

영업전문가로서 당신은 위의 구조를 이해하지 못하더라도 영업 현장에서 매일, 매 순간 만나는 고객과 위의 사이클로 상담해 왔다. 상담의 결과가 어떻게 나왔든지 위의 사이클은 항상 돌아간다는 것을 알아야 한다. 결론적으로 영업전문가의 메시지 전달의 목적과 고객의 피드백/반응이 같으면 영업상담은 제대로 이루어졌다고 볼 수 있다. 즉 영업전문가가 던지는 메시지의 목적(다음 영업단계-제안서 제출-제안)과 고객의 반응으로서의 피드백(제안서 제안의 허락)이 같다는 것은 영업전문가의 상담 목적이 달성되었다는 것을 의미하기 때문이다.

당신은 고객과의 상담에서 위의 사이클을 얼마나 부드럽게 전개할 수 있고, 자신이 전달하는 메시지의 목적을 달성하고 있는가? 장애물은 없는가? 만일 당신의 메시지가 가진 목적이 달성되지 않는다면 그 원인은 어디에 있는가? 그리고 어떻게 그 문제를 해결할 수 있을 것인가? 만일 그 문제가 해결되지 않는다면 어떤 결과가 초래될까? 지금부터 위의 영업 커뮤니케이션 사이클이 가진 문제와 장애물 그리고 그것의 극복 방법에 대해 알아보도록 한다.

2) 커뮤니케이션 장애물

위에서 알아본 영업 커뮤니케이션의 사이클이 원활하게 작동되지 않는 원인은 어디에 있을까? 당신과 상담 중인 고객이 고개를 가로저으며 *"그 가격에는 무리가 되는군요?"*라는 말을 한다. 당신은 영업전문가로서 고객의 이러한 반응을 어떻게 해석하고 대응할 것인가?

영업전문가 1: *큰일이다. 가격이 비싸 구매결정을 하지 않을 것 같다. 다른 회사와 거래하면 어떻게 하지? 일단 가격을 깎아 제안을 해 봐야겠다. "그럼 가격을 __% 깎아 드리면……. ____한 조건도 저희가 무료로 지원해 드리는 것으로……."*

영업전문가 2: *뭔가 이유가 있겠지. 우리 상품의 가치(문제해결과 고객이 얻는 이익)에 대해서 확신이 부족하다는 것인가? 아니면 진*

짜로 가격이 부담이 된다는 것인가? 이것을 먼저 확인해야겠군. 그리고 진짜 가격이 비싸다고 생각한다면 어느 정도를 원하는지 파악해 다른 조건들과 함께 협상으로 진행하여야겠군. 일단 원인부터 파악하자. "예, 충분히 이해합니다. 투자는 신중할수록 좋은 것이죠 가격이 비싸다고 말씀을 하셨는데 왜 그렇게 판단하시는지……?"

위의 두 영업전문가의 상담은 앞으로 어떻게 전개될까? 그리고 그 결과는? 왜 고객의 말('가격이 무리가 된다')을 두 영업전문가는 다르게 해석하였을까? 영업전문가 1의 대응으로 고객이 곧 구매결정을 할까? 만일 그렇더라도 뭔가 아쉬움은 남지 않겠는가? 영업전문가가 가격을 깎아 준다는 것은 그에 상응하는 다른 비즈니스 조건의 양보를 얻어 내기 위한 전략적인 대응의 경우 외에는 별로 효과적이지 않은 방법이다. 양보는 또 다른 양보를 요구한다. 양보는 상대의 양보를 부르지 않는다. 그리고 가격을 깎아 준다고 모든 고객이 구매하는 것은 아니라는 것을 알아야 한다. 영업전문가가 가격을 깎아 제안하자 고객이 "그 정도 가격이면 고려해 볼 만한데… 하지만 아직도 부담이 되는 것은 사실이고 또 ___한 조건(가격 외 다른 조건)도 마음에 걸리는데……"라고 하면 영업전문가는 어떻게 대응할 것인가? 가장 효과적인 대응 방법은 일단 고객의 구매의사(협상의 전개)를 파악하여야 한다. 그 다음에 적절한 대응을 하여도 늦지 않는다. 하지만 영업전문가 1은 고객의 말을 있는 그대로 받아들였다. 그 결과는? 고객이 구매결정을 한다면 그나마 다행이지만 대부분의 고객은 영업전문가의 가격 할인 제안을 그대로 수용하지 않는다. 고객은 또다시 거부/거절 혹은 다른 조건의 양보 등을 요구하고 영업전문가는 또 다른 조건을 제안하고……

반대로 두 번째 영업전문가의 대응에 고객은 어떻게 반응을 보일까? 고객이 가격이 부담이 되는 이유가 궁금하고 이면(또 다른 이유가 있는지?)을 파악하기 위해 영업전문가는 *"그럼 거래조건을 조정/합의하는 협상으로 전개해도 될까요?"*라고 물으면서 고객의 반응을 살피는 것이 현명한 커뮤니케이션 방법이다. 이때 고객이 그렇다고 대답하면 영업전문가는 협상진행을 준비하면 된다. 만일 고객이 *"가격도 가격이지만 몇 일전에 이야기한 ___한 문제해결에 대한 확신이 서지 않는다. 그리고 그 사례 또는 직접 샘플을 생산부에서 직접 보고 싶어 한다"*라고 한다면 영업전문가는 영업의 도구인 사례와 샘플로 고객(사용부서인 생산부)을 설득하는 영업활동을 추가로 제안해 영업을 전개하여야 한다. 즉 *"그럼 제가 내일(혹은 특정한 날) 샘플을 갖고 재방문을……"* 또는 *"좀 더 확신을 드리고자 이번 구매와 관련된 내부 관계자들을 모아 주시면 저희가 전문가와 함께 와서 프레젠테이션을 진행하는 것이 어떻겠습니까?"*라고 영업의 단계를 제안할 수 있을 것이다.

이렇게 고객의 처음 반응(가격이 부담이 된다)에 대해 효과적으로 대응하고 영업전문가의 추가 제안(협상 전개 혹은 다른 영업활동)에 고객이 보이는 반응을 예의 주시하여 고객의 속내와 말의 이면을 파악해 적절한 대응을 할 수 있어야 한다.

위의 두 명의 영업전문가는 고객의 말을 자신의 판단과 생각대로 짐작하고 추측해 자기 마음대로 결론을 내리고 그 결과에 따라 다른 대응을 하였다. 물론 그 결과도 다르게 나타날 것이다.

이와 같이 고객의 말을 어떻게 해석하는가가 영업의 결과에 큰 차이를 만든다. 그럼 왜 두 영업전문가는 고객의 말을 서로 다르게 해석하였을까? 그 이유는 다음의 그림에서 알 수 있다. 앞에서 알아본 영업커뮤니케이션 사이클과의 차이점을 발견하였는가? 바로 필터라는 단어이다. 고객과 영업전문가가 주고받는 많은 메시지를 서로가 어떻게 해석하고 반응하는가는 각자의 필터가 상대의 메시지를 어떻게 받아들이고, 해석하고, 분석하느냐에 달려 있다. 그리고 그 반응의 차이는 서로가 가진 필터에 따라 결정이 된다.

(1) 필터

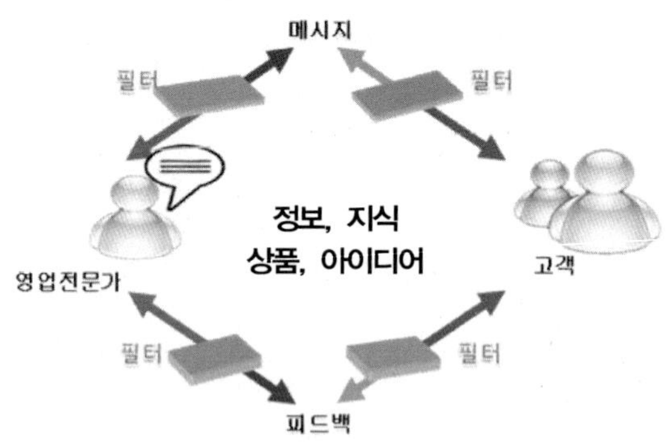

〈그림 1-3〉 영업 커뮤니케이션 구조와 필터

〈그림 1-4〉 영업 커뮤니케이션 필터 발생원인

영업 커뮤니케이션의 원활한 흐름을 가로막는 필터는 어떻게 형성되는 것일까? 그 답은 위의 그림에 있다.

위의 그림에서 보는 것과 같이 사람은 서로 다른 경험과 지식, 스타일, 욕구, 가치관, 역할이 있다. 이 차이들이 외부의 메시지를 자신에게 유리한 것으로 혹은 필요한 것으로 해석하는 필터를 만든다. 이 필터에 따라서 자신에게 전달되는 모든 메시지(언어, 비언어적인 메시지 모두)를 자신의 입장에서 해석한다. 그리고 그 해석의 내용과 결과에 따라 자신의 말과 행동을 결정한다. 이러한 필터는 내면적인 필터이다.

또 다른 필터는 대화를 하는 습관과 과정에서 발생된다. 고객이든 영업전문가든 상대방과 메시지를 주고받을 때 '짐작하기', '단정 짓기', '여과하기', '탈선하기', '꿈꾸기', '자기 위주로 생각하기', '충고하기', '비교하기' 등의 스타일을 갖는다. 즉 사람들은 자신의 행동과 말을 자신이 원한 대로 상대방이 해석하고 행동하기

를 기대하고 짐작하고 단정하는, 그리고 고객의 메시지와 말 또한
자기중심으로 해석하고 결론을 내리는 커뮤니케이션 습관들을 갖
고 있다. 따라서 표면적으로 주고 받는 메시지에 숨겨진 이면을
파악하지 않는 한 효과적인 커뮤니케이션은 불가능하다. 그리고
이 비효과적인 커뮤니케이션의 결과로 더 많은 불이익을 당하는
것은 대부분 영업전문가이다.

이 필터의 차이는 일반적으로 '코드가 다르다'는 말로 표현하기
도 한다. 동일한 상황을 해석하고 반응을 하는데 사람마다 그 내
용과 방법이 다른 이유이다. 고객의 필터와 영업전문가의 필터가
다른 이유는 개인적인 차이(지식, 경험, 가치관 등)도 있지만 역할
과 목표와 성과의 차이가 큰 원인이 된다.

영업활동에서 교환되는 여러 가지 메시지에 대해서 영업전문가
가 고객에게 원하는 것과 고객 입장에서 영업전문가의 메시지를
해석하는 것은 다르다. 영업전문가가 원하는 것은 고객(오늘 처음
만난 고객이든 수개월 혹은 수년간 만나 온 고객이든 오늘 상담을
마무리하려는 조급함을 갖고 있다)과의 상담에서 빨리 그리고 쉽
게 많은 양의 판매를 하는 계약서를 좋은 조건(비싼 가격)에 빨리
받는 것이다. 이와는 반대로 영업전문가가 만나는 고객(특히 구매
담당자)은 계획에 따라 필요한 자원을, 필요한 만큼, 필요할 때 가
장 유리한 조건(가능한 한 싸게)으로 구매하는 것이다. 그리고 구
매결정을 할 때도 구매담당자 혼자서 하지 않고 많은 관련자(의사
결정권자, 사용부서의 실무자, 기술적인 검토자)들과 협의를 통해

그들의 요구사항을 파악하고 그 내부 관계자의 요구사항과 구매부의 업무목표를 잘 조화시켜 구매한다. 이 정도의 차이라면 영업전문가가 고객과 상담을 하면서 무시해서는 안 되는 아니 반드시 극복해야 하는 영업커뮤니케이션의 장애물이 항상 존재한다는 것을 알아야 한다.

영업전문가의 메시지와 설명을 영업전문가가 원하는 대로 고객이 해석하지 않거나 못 하는 것, 그래서 영업전문가가 원하는 행동을 하지 않는 것은 고객의 실수나 잘못이 아니다. 가끔은 고객 입장에서 영업전문가의 메시지를 충분히 이해하였더라도 이해를 하지 못한 척하거나 다른 요구사항을 제안하거나 관심이 없는 척하면서 영업전문가를 조바심 나게 하기도 한다. 이것을 고객의 구매전략 또는 책략이라도 한다. 왜일까? 그 이유(구매목표의 달성을 위한)를 이해하지 못하면 유능한 영업전문가(매출목표 달성과 매출 이익률 보호라는 목표를 함께 달성하는)가 될 수 없다.

이 장애물을 이해하고 영업상황과 고객과의 커뮤니케이션에 적절하게 활용하는 것은 유능한 영업전문가가 되기 위한 가장 기본적인 지식이고 기술이 되어야 힐 것이나. 영업전문가는 커뮤니케이션의 달인이 되어야 한다. 이 말은 말을 정산유수와 같이 잘하는 것이 아니고 고객의 마음을 읽고 고객의 말속에 숨겨진 의도를 파악하며, 고객의 표현 속에서 고객의 심횡 구매 계획과 구매의 필요성, 해결할 문제 등－을 파악하여 고객의 니즈를 개발하고 고객의 구매상의 장애물을 파악해 해결하는 능력을 말한다. 필요할 때 고객을 설득하는 능력 또한 요구된다. 영업전문가가 고객과 상담에서 말을 하는 것의 목적은 고객을 설득하는 것이다. 이 설득에 대해서는 뒤에서 자세히 알아보도록 한다.

영업전문가와 고객사이에 필터가 발생하는 또 따른 원인은 성격의 차이에서 나온다. 여기에 대해 알아보도록 한다.

다음의 여러 가지 고객의 성격유형은 일반적으로 가장 쉽게 이해하고 활용할 수 있는 유형이다. 이 성격유형의 차이가 필터의 중요한 원인이 된다.

(2) 사람의 유형

사람의 유형은 10인 10색이다. 이 말은 모든 사람은 저만의 독특한 성격이 있다는 것이다. 이 성격은 그 사람의 외부 메시지에 대한 해석과 의사결정 스타일을 결정한다. 또 다른 사람들과의 관계형성의 기초가 된다. 영업전문가가 만나는 고객 또한 영업전문가를 대하는 방법(인간관계 형성 방법, 업무 또는 비즈니스 수행 방법)과 영업전문가에 대한 인식이 다르다. 고객이 영업전문가를 바라보는 관점－자신의 문제해결을 해 주는 전문가로서 영입전문가 혹은 물건을 팔려고 테크닉(과장된 소개, 허풍, 책임지지 못하는 것을 약속하는, 무조건 밀고 나가는, 찰거머리형 등)을 구사하는 영업전문가－의 차이는 고객이 만들기도 하지만 대부분 영업전문가가 하는 영업스타일이 이러한 관점의 형성에 큰 영향을 미친다.

일반적으로 사람들의 성격유형을 영업전문가의 입장에서 살펴

보면 다음과 같다. 각 스타일에 대한 대응 방법도 정리되어 있다.

① 성급한 고객－자신의 관심사만 질문하고 성급하게 결과를
요구하며, 자신의 요구에 신속한 대응을 바란다.
－고객의 요구에 신속하게 행동하고 상품 설명과 제안도 '핵
심만 강조하라'.

② 느긋한 고객
－설득하기 어려운 상대이다. 그리고 고객의 구매 전술일 수
있다. 충분한 시간을 갖고 대응하라. 고객의 관심이 머무는
제품과 문제해결, 욕구에 대해 '약간 강하게 권고하라'.

③ 말이 없는 고객
－고객의 동작과 표정을 유의하면서 주시하라. 그래서 고객의
요구사항과 관심사를 파악하라. 고객의 보디랭귀지에 민감
하게 반응하라.
－고객이 질문할 때는 관심이 있다는 것이므로 쉽게 '구체적
으로 설명하라'. 그리고 고객을 밀어붙이거나 지루한 설명
으로 '너무 귀찮게 한다'는 이미지를 주지 않도록 하라.

④ 말이 많은 고객
－이러한 고객은 인간관계를 중시하고 사교적인 성격을 가진

경우가 많다. 따라서 말을 중단시키지 말고 계속 듣도록 하라. 고객의 말을 인정하고 때로는 함께 대화함을 즐긴다는 것을 고객이 알도록 하라. 이러한 고객은 자신의 요구사항 또는 관심사를 대화 중간에 흘리는 경우가 있다. 영업전문가는 이 메시지를 경청을 통해 파악해 '재치 있게 영업의 기회로 잡아야 한다'.

이러한 고객과 대화를 할 때는 고객의 말을 가로막거나 시간이 없다는 이유로 고객과 대화를 중간에 끊어 버리면 고객의 마음을 얻을 수 없다. 따라서 이러한 고객과 상담할 때는 다양한 이야기의 소재와 시간을 충분히 확보해 만나는 것이 좋다.

⑤ 결단성이 없는 고객 - 우유부단한 고객

- 고객이 쉽게 결정을 내리지 못하는 것은 자신의 입장에서는 많은 비용이 지출되기 때문이다. 그리고 이 비용의 지출을 줄이고자 구매에 대한 권한에 한계가 있을 수 있다. 결정을 미루는 이유가 신중한 검토를 위한 것인지, 결정의 결과를 우려하거나 두려워하는 것인지를 파악할 수 있어야 한다. 신중한 검토가 이유인 고객에게는 장단점을 '구체적으로 알려 주라'(사용결과 통계자료, 전문가 증언, 실제사례 등).
또 결정의 결과를 두려워하는 고객일 경우에는 다양한 사례를 언급하거나 직접 체험할 수 있는 기회를 주거나, 다른 고

객의 반응과 사용 후의 결과 등을 논리적이고 구체적으로 제
안하도록 하라.

구매 권한의 한계 때문이라면 적절한 시기에 상담의 도구를
바꾸는 방법으로 고객의 의사결정을 촉구할 수 있어야 한다.

⑥ 잘난 체하는 고객 – 자신이 잘 알고 있고 전문가임을 강조하
   는 고객

– 고객의 말을 듣고 인정해 주라. 고객과 논쟁하거나 고객의
  잘못 또는 실수를 강조해 고객을 이기려 하거나 고객을 궁
  지로 몰아서는 안 된다. 절대로 영업에서 성공할 수 없을 것
  이다. 많은 영업전문가가 저지르는 실수이다. 보통의 고객보
  다 3배 이상 말씨와 태도를 정중히 유지하면서 고객의 말을
  경청하고 고객의 전문성을 인정하라. 필요하다면 조언도 구하
  라. 그러면 고객의 마음을 얻을 수 있을 것이다. 자존심을 건
  드리지 않는 한도 내에서 '아첨도 필요하다'. 그렇다고 지나친
  아첨을 한다면 오히려 상대의 마음을 닫게 할 수도 있다.
  이 성격의 고객은 스스로 결정하기를 바란다. 즉 누군가의
  말에 자신이 설득당했다는 느낌을 싫어한다는 의미이다. 그
  들이 결정하도록 자료와 데이터를 제공하고 판단을 기다려
  라. 때로는 고객의 전문성을 자극해 빨리 결정하도록 할 수
  도 있다.

⑦ 의심이 많은 고객-계속 묻는다.

 -고객이 '이것은 무엇인가? 진짜로__한 편리함이 있는가?
  서비스를 제대로 받을 수 있는가? 고장이 나면 어떻게 하
  나?' 등등의 질문을 끊임없이 쏟아 낸다. 이때 영업전문가는
  고객이 걱정하고 우려하는 문제점과 의문점을 모두 파악해
  하나씩 '자신 있게 설명하여야 한다'. 때로는 유명인이나 선
  도기업도 사용한다는 등의 메시지(후광효과를 사용하라)를
  통해 고객의 의심을 풀어 주어야 한다. '그런 걱정은 하지
  마라', '다 해결된다' 등의 애매한 표현(테크닉 구사형 영업)
  으로 고객을 당황하게 만들어서는 안 된다.

⑧ 내성적인 고객-자신의 의사표현을 잘 하지 않는다. 때로는
  우유부단하게 보일 수도 있다.

 -이러한 고객과는 조용한 상태로 느긋하게 상담하고 필요 이
  상의 마음을 쓰지 말라. 지나친 관심(특히 개인적인 관심)은
  오히려 부작용을 불러올 수 있다. 사례를 들어 권고하라. 그
  들의 자존심을 상하게 하지 마라. 그들이 결정할 때까지 느
  긋하게 기다려 주는 것이 좋다. 충분히 검토를 하도록 시간
  과 자료를 제공하라.

⑨ 변덕스러운 고객-결정을 쉽게 바꾸고 요구사항도 많다.
 -고객이 인정하고 동의한 부분을 잘 정리해 강조하라. 고객

이 변덕을 부리면 그 논리적인 모순과 변덕의 내용을 일단
정리하라. 그리고 기회를 보아 가면서 고객의 말을 논리적
으로 반박하거나 무리한 요구를 한다는 것을 차분하고 조심
스럽게 인식시켜라. 이때 고객이 어느 정도 설득당하거나
동의하는 반응을 보이면 재빨리 상품의 가치를 설명해 결론
을 내리도록 유도하라. 이를 위해 다양한 의사결정 기법이
요구된다. 이 의사결정 기법에 대해서는 뒤에서 알아볼 것
이다.

⑩ 흥분을 잘하는 고객
- 침묵을 지키면서 고객의 말을 끝까지 듣도록 하라. 동의도
  하지 말고 경청하라. 중간에 가로막지 말고 메모하고 기다
  려라. 기회가 되면 질문(왜 그렇게……, 왜 그것이 중요한가
  등)하라. 하고 싶은 말을 모두 하도록 하라. 감정도 모두 표
  현하도록 하라. 항상 편안한 표정으로 대하라. 감정적인 대
  응으로 고객이 틀렸거나 무리한 요구를 한다고 하지 마라.
  고객이 화를 내거나 감정적인 표현을 할 때는 성급하게 고
  객을 설득하려고 하지도 마라. 고객의 말을 더 듣고 원하는
  것을 질문하라. 영업전문가로서 할 수 있는 몇 가지 대안을
  제시하라. 흥분의 원인을 찾으라. 흥분은 고객의 구매전술
  (좋은 조건으로 구매하려는)일 수도 있다.

영업전문가가 만나 상담하는 고객은 위의 유형 중 어느 한 유형만 갖고 있지 않다. 만일 고객이 한 가지 유형만을 갖고 있다면 쉽게 상담을 준비하고 고객의 반응에 효과적으로 대응할 수 있을 것이다. 하지만 대부분의 고객들은 위의 10가지 유형 모두를 갖고 있다. 상황에 따라, 개인적인 컨디션과 욕구에 따라, 업무의 중요도에 따라, 현재의 위치와 장래 목표에 따라 다양한 유형이 나온다.

늘 친절하고 말을 많이 하며 사교적이던 고객이 오늘따라 신중하고 까다롭게 행동하고 말할 수 있다. 이때 대부분의 영업전문가는 고객의 다른 행동과 반응에 당황하게 된다. 고객의 유형이 다양하다는 것 그리고 그 다양함을 모두 갖고 있다는 것, 필요와 상황에 따라 다양한 유형이 표현된다는 것을 인식하고 있는 영업전문가라면 고객의 변덕(?)에 당황하지 않을 것이다. 오히려 그 변덕을 새로운 정보 또는 고객의 니즈를 파악할 수 있는 유용한 기회로 활용할 수 있을 것이다.

위의 스타일과 유형이 고객에게만 있는 것이 아니다. 영업전문가도 위의 유형을 갖고 있다. 따라서 자신의 유형과 일치하거나 비슷한 고객과는 대화가 잘 되고 영업상담이 부드럽고 원만하게 진행되지만, 자신의 유형과 반대되는 경우에는 뭔가 어색하고 불편한 상담이 되기도 한다. 이 사실은 고객과 많은 상담을 해본 경험이 있는 영업전문가라면 충분히 경험하였고 이해할 것이다. 그리고 경험 있는 영업전문가는 각자의 경험에 의해, 개인적인 감각과 느낌에 의해 이러한 다양한 상황에 잘 적응해 왔을 것이고 나름대로의 각 유형에 대해 대응하는 노하우가 쌓여 있을 것이다.

고객의 스타일과 유형을 이해한다는 것은 고객과 보다 원만하고 부드러운 영업상담을 전개하는 데 도움이 될 것이다. 보다 전문적인 고객의 유형은 뒤에서 한 번 더 알아보도록 한다.

3) 영업에서의 커뮤니케이션 장애물 극복 – 경청

지금까지 영업전문가가 고객과 상담하는 커뮤니케이션의 흐름을 이해하였고, 영업 커뮤니케이션의 장애물인 오해가 발생하거나 커뮤니케이션의 흐름이 원활하게 돌아가지 않게 하는 원인(필터)도 이해하였다. 지금부터는 이 필터를 제거하는 방법과 기술에 대해 알아본다. 영업전문가가 고객을 설득하기 위해 필요하다고 생각하는 말을 하는 방법(고객의 필터에 맞추고 자신의 메시지를 원하는 대로 고객이 해석하도록 해 설득하는)에 대해서는 다음 장에서 알아볼 것이다. 이 말하는 방법과 말하는 목적의 달성을 위해서도 우선적으로 알아야 하고 몸에 익혀야 하는 기술이 있다.

영업선문가는 고객의 메시지를 고객이 원하는 대로 이해(고객이 이면을 파악하고 고객의 니즈를 파악하는)하고 수용(여기서 수용은 고객의 말을 인정하는 것이지 동의한다는 것은 아니다)할 수 있어야 한다. 때로는 고객이 표현하지 않은 의미까지도 파악할 수 있어야 한다. 먼저 이 방법부터 알아보도록 하자. 영업전문가가 고객의 메시지를 고객이 원하는 대로 해석한다고 고객에게 설득당하고 고객이 원하는 대로 행동하고 의사결정을 하여야 한다는 것은 아니라는 것을 우선 기억하도록 하라. 고객의 메시지를 이해한다는 것은 고객이 가진 욕구와 니즈를 제대로 파악하는 것이지 고객의 요구를 모두 들어준다는 것은 아니다.

또한 이 능력은 고객의 상황을 고객의 입장에서 이해하고 고객이 원하는 솔루션을 개발하는 기초가 된다. 고객이 구매하는 이유와 또는 고객이 구매를 지연하는 이면의 이유를 파악할 수 있는 계기가 된다.

이와는 반대로 고객의 메시지를 영업전문가가 자신이 가진 필터대로 해석(영업전문가가 원하는 대로 그리고 자신에게 유리하게)한다면 고객의 요구와 니즈, 고객의 문제를 파악하는 데 실패할 것이고 그 결과 고객이 구매결정을 촉구하는 기회를 놓치게 되고, 고객이 구매결정을 연기 또는 거부하는 이유를 파악하는 기회를 놓치게 된다. 따라서 영업의 성과가 저조하게 되는 것은 당연한 결과가 될 것이다.

그러면 고객의 메시지를 고객의 필터로 해석을 하고 고객이 원하는 솔루션과 고객이 가진 문제 등 영업 성공의 핵심요소인 니즈를 파악하는 방법은 무엇인가? 바로 경청이다. 지금부터는 경청에 대해 알아보도록 한다.

(1) 경청

경청의 국어사전 정의는 "귀를 기울여 들음"으로 되어 있다. 다른 사람의 말을 경청한다는 것은 그 사람이 가진 의견과 생각, 관점, 가치관, 아이디어, 판단력 등을 존중하고 인정한다는 것을 표현해 주는 것이다. 자신의 생각이나 의견 등을 주의 깊게 듣고 인정해 주는 사람을 누가 좋아하지 않겠는가? 경청이 가진 힘은 당신이 상상하는 것보다 훨씬 강력하고 매력적이다. 경청함으로써 잃는 것보다 얻는 것이 많다. 경청함으로써 상대에게 자신의 인간적인 매력을 보여 주는 것이고 상대를 있는 그대로 수용하고 존중하는 것을 보여 주는 것이다. 고객의 마음을 얻고자 한다면 먼저 경청하라. 그 속에 모든 답이 있다.

영업전문가가 고객과의 상담과정에서 고객의 말을 경청하는 것은 고객을 있는 그대로 존중하고 고객의 고민과 문제, 채우고자 하는 욕구에 관심을 보여 주는 것이다. 하지만 현실에서 영업전문가는 자신이 준비한 영업 메시지를 일방적으로 전달해 고객을 자기 의도대로 움직이려고 한다. 즉 자신이 준비해 온 세일즈 톡을 다 전달하여야 한다고 믿고 고객이 듣든 말든, 고객이 관심을 갖든 말든 고객의 말을 듣기 전에 자신이 준비한 메시지를 전달하는 것이 영업활동의 진정한 모습(말을 잘하는 영업전문가, 성과 중심의 영업활동이 아니라 영업 메시지를 잘 전하는)이라고 생각한다.

앞에서 영업의 정의를 내리면서 영업은 *영업전문가가 상품과 서비스를 말로 판매하는 것이 아니고, 고객의 구매 욕구와 필요를 자극해 고객이 스스로 구매하도록 하는 것*이라고 강조하였다. 이 정의의 의미를 잘 생각해 보기 바란다. 고객은 자신이 구매력이 있기 때문에, 영업전문가가 말을 잘하기 때문에 구매를 하는 것이 아니다. 개인이든 조직이든 자신의 필요(영업에서 고객의 니즈라고 하는)를 채우려고 구매하는 것이다.

영업전문가가 고객의 말을 경청하면 고객이 가진 구매의 필요성 (니즈, 해결할 문제)을 파악할 수 있다. 구매담당자의 장애물(구매 협상의 조건들) 또한 파악할 수 있고 구매프로세스(필요한 영업활동 내용)도 파악할 수 있다. 대부분의 고객은 직접적이면서 직설적으로 구매욕구와 필요를 말하지 않는다(물론 고객이 긴급한 경우, 고객이 먼저 접근해 오는 경우에는 이것을 말한다). 하지만 더 큰 문제는 많은 영업전문가가 고객의 말을 제대로 경청하지 않는데 있다. 이것이 의심스러우면 최근 자신의 영업 계약서를 받은 경험을 떠올려 보라. 그들이 구매를 한 이유를 말할 수 있는가? 구매를 통해 얻으려고 하는 궁극적인 목표를 파악하였는가? 고객은 흘려버리는 듯한 말로 또는 혼잣말로, 때로는 자신의 상황과 입장과는 반대의 표현을 하는 경우가 많다. 유능한 영업전문가라면 고객의 이러한 표현 이면에 숨겨진 의미를 찾을 수 있어야 한다. 지금부터 영업전문가의 커뮤니케이션 능력 중 경청에 대해서 알아보도록 한다. 우선 당신의 경청 스타일을 진단하고 적절한 변화를 시작해 보자.

(2) 경청 스타일

당신이 종종 처하게 되는 듣기 상황(영업을 하면서)을 떠올려 보라. 다음의 내용을 읽고 당신을 가장 잘 나타내는 것에 체크를 하라.

5-늘 그렇다, 4-자주 그렇다, 3-종종 그렇다, 2-드물게 그렇다, 1-전혀 그렇지 않다

1. 상대방의 말을 들을 때 그 사람의 느낌에 주의를 기울인다.
2. 상대방의 말을 들으면 상대방의 기분이 좋은지 아닌지 금세 알아차린다.
3. 상대방이 자기 문제를 털어놓을 때 그 사람의 말에 금방 몰두한다.
4. 새로 알게 된 사람의 말을 들을 때 공통의 관심사를 찾으려고 노력한다.
5. 다른 사람이 말할 때 눈짓이나 고갯짓으로 흥미를 표현한다.
6. 다른 사람이 자기 생각을 조리 있고 효과적으로 표현하지 못하면 갑갑하다.
7. 다른 사람의 말을 들을 때 내용의 불일치나 모순점에 집중한다.
8. 말하는 사람의 생각을 건너뛰거나 예단한다.
9. 대화 도중에 곁가지를 치며 다른 얘기를 꺼내는 사람이 정말 싫다.
10. 말하는 사람이 더 빨리 요점에 도달할 수 있게 적절한 질문을 던진다.
11. 모든 사실을 듣고 나서야 판단을 내리거나 의견을 내놓는다.
12. 기술적인 정보를 선호하는 편이다.
13. 의견, 주장보다는 내가 직접 판단·평가해 볼 수 있는 사실이나 증거를 듣고 싶어 한다.
14. 복잡한 정보를 듣는 것이 즐겁고 좋다
15. 추가적인 정보를 캐내기 위해 질문을 던진다.
16. 바쁠 때면 얘기를 들어줄 시간이 한정돼 있음을 상대에게 알린다.
17. 대화를 시작하기 전에 얼마나 오래 기다렸는지부터 말한다.
18. 시간이 없다 싶으면 상대방이 말하는 도중에라도 끼어든다.
19. 시간이 없다 싶으면 상대방이 말하고 있어도 시계를 쳐다본다.
20. 시간 압박을 느낄 때면 다른 사람의 말에 대한 집중력이 떨어진다.

1~5번 문항에 4점 또는 5점을 준 횟수: (　)번
5~10번 문항에 4점 또는 5점을 준 횟수: (　)번
11~15번 문항에 4점 또는 5점을 준 횟수: (　)번
15~20번 문항에 4점 또는 5점을 준 횟수: (　)번

출처: © encyber.com

위의 진단을 통해 당신의 경청 스타일이 사람 지향적인지, 행동 지향적인지, 내용 지향적인지, 시간 지향적인지로 구분할 수 있다. 각각의 경청 스타일이 가진 장점과 단점 그리고 이 4가지의 유형을 판단할 수 있는 생활 속의 근거 등이 아래의 두 표에 정리되어 있다.

구 분	사무실 환경	개인적 단서
사람 지향적 (1~5)	−벽에 개인적인 사진이 걸려 있다. −방이나 책상에 개인적인 물건들이 놓여 있다. −책상이 지저분하다.	−시선을 마주친다. −억양이 다양하다. −동의의 표시로 자주 미소를 짓거나 고개를 끄덕인다.
행동 지향적 (6~10)	−책상에 정리함이 놓여 있다. −벽에 학위증명서가 걸려 있거나 일과 관련된 사진이 걸려 있다. −사가가 짜 맞춰져 있다. −책상이 깨끗하다.	−힘차게 악수를 한다. −약간 빠른 속도로 이야기한다.
내용 지향적 (11~15)	−책상 위에 서류가 정리되어 쌓여 있다. −책상 부근에 참고서적들이 놓여 있다.	−얼굴 표정이 심각하다. −목소리가 도전적·호전적이다. −이야기를 들으며 자주 위를 쳐다본다.
시간 지향적 (16~20)	−방에 한 개 이상의 시계가 있다. −비서가 인터폰으로 약속시간을 알려 준다. −컴퓨터나 시계에 알람 기능을 설정해 때가 되면 울리게 한다.	−자주 시계를 본다. −참을성 없는 표정을 지어 보인다. −시간을 알려 주는 장치를 사용한다.

출처: © encyber.com

구분	장점	단점	대응방법
사람 지향적 (1~5)	−타인에게 관심이 많고 배려를 한다. −선입견, 편견을 갖지 않는다. −타인 감정 상태를 잘 파악한다. −대화할 때 유언무언의 피드백을 준다.	−타인 감정 상태에 쉽게 휘말린다. −다인의 잘못/약섬을 잘 보지 못한다. −타인 감정에 동화하며 간섭하기 쉽다. −피드백을 줄 때 너무 오버할 수 있다.	−인간적인 가치를 포함하는 이야기를 하거나 그림을 보여 준다. −'나'보다는 '우리'라는 단어를 사용한다. −성보다는 이름을 불러 준다. −유머를 활용할 때도 자기를 내세우지 않는다.

행동 지향적 (6~10)	−문제 핵심에 빨리 접근한다. −타인들이 중요한 것에 초점을 맞추도록 돕는다. −타인들이 구조적이고 간결하게 말을 하도록 돕는다. −내용 속에 담긴 모순을 잘 파악한다.	−주의 산만한 화자를 참지 못한다. −말이 끝나기 전에 미리 넘겨짚고 빨리 결론을 내린다. −화자가 두서없이 말하면 산만해진다. −무례한 질문을 한다. −지나치게 비판적으로 보인다.	−전하려는 내용이 3가지를 넘지 않도록 한다. −서론을 짧게 하거나 바로 본론으로 들어간다. −빠르지만 절제된 속도로 말한다. −결과, 상대가 얻는 이익을 먼저 이야기한다.−결론부터
내용 지향적 (11~15)	−기술적 정보를 높이 평가한다. −정보의 명확성을 점검한다. −복잡하고 어려운 정보를 환영한다. −문제의 모든 측면에 관심을 갖는다.	−지나치게 세부적인 것에 집착한다. −신랄한 질문으로 타인을 위협한다. −비기술적인 정보를 과소평가한다. −결정하는 데 시간이 오래 걸린다.	−신뢰성 있는 자료를 제시하고 신뢰할 만한 전문가의 말을 인용한다. −차트와 그래프를 사용한다.
시간 지향적 (16~20)	−시간을 효과적으로 관리한다. −타인의 말을 들을 때 시간 제한이 있음을 알린다. −만남, 대화에서 시간을 어떻게 이용할 것인지 지침을 정한다. −상대가 쓸데없는 말을 하며 시간을 낭비하지 못하도록 한다.	−시간을 낭비하는 사람을 참지 못한다. −인간관계에 긴장을 주며, 타인을 방해한다. −시간을 의식하다 보면 집중력이 떨어질 수 있다. −자주 시계를 들여다보아 화자를 조급하게 한다.	−가능한 한 정해진 시간보다 빨리 끝내고자 노력한다. −불필요한 사례나 정보는 삭제한다. −상대방이 대화를 마치고 싶다는 비언어적인 태도 여부를 주시한다.

영업전문가는 자신의 경청 스타일을 파악해 고객과의 상담 시 효과적으로 대응하여야 한다. 영업전문가의 경청 스타일이 고객의 상담에 대한 몰입도와 흥미를 결정히기도 한다. 물론 고객이 가진 경청 스타일도 영업전문가의 상담성과에 영향을 미친다. 영업전문가는 자신의 스타일을 아는 것도 중요하지만 고객의 경청

스타일에 맞는 영업상담을 준비하고 상담을 전개할 수 있어야 한다. 고객이 *인간관계 지향적인* 스타일이라면 영업전문가는 상담에 큰 어려움이나 불편함이 없을 것이지만 비즈니스와 관련된 주제로 들어가기가 쉽지 않다. 하지만 우호적인 관계를 형성하는 데는 다른 유형들보다 시간이 덜 걸린다. 그리고 그것이 영업의 결과에도 영향을 미칠 것이다. 이러한 고객과 상담할 때는 풍부한 대화의 소재를 준비해야 하며, 이 고객이 말할 때는 절대로 말을 끊거나 중간에 가로막아서는 안 된다.

고객이 *행동 지향적인* 경우에는 신속하게 구매성과인 결과와 중요한 핵심으로 들어가야 한다. 오픈마인드나 주변이야기를 너무 길게 하는 것을 이 유형은 좋아하지 않는다. 고객은 자신에게 필요하고 도움이 되는 결론에만 관심이 있으므로 신속하게 결론부터 말하도록 하라.

고객이 *내용 지향적*이라면 영업전문가는 상담 자료 준비에 좀 더 신중하여야 한다. 사례, 근거자료 등을 많이 확보해 이 유형들이 관심을 갖는 세부적인 상황과 데이터를 상담 중 제시할 수 있어야 한다. 이 유형과는 다양한 대화 소재로 많은 시간 이야기를 차분하게 끌고 가기 어렵다.

마지막으로 *시간 지향적인* 고객과 상담할 때는 고객이 자신의 시간을 빼앗긴다는 느낌을 갖지 않도록 애를 써야 한다. 고객이 할애할 수 있는 시간의 양을 묻고 고객이 영업전문가와 상담하는 시간이 고객의 업무 수행과 생활에 도움이 된다는 것을 명확하게 인식시켜야 한다. 약속한 시간은 철저하게 지켜야 한다. 업무중심으로 대화를 하는 것이 좋다.

경청유형에 맞는 상담을 전개하는 것은 유능하고 융통성 있는 영업전문가의 능력이다. 고객이 어떤 유형의 경청 스타일인지는 고객의 말과 행동을 통해 민감하게 파악하여야 한다. 그럼 경청의 방법을 알아보도록 하자.

(3) 경청 방법

고객과의 상담을 하는 모든 순간에 영업전문가는 자신의 오감을 동원해 고객의 메시지를 해석하고, 이면을 파악하며 중요한 포인트를 놓치지 말고 잡아야 한다. 상담 중인 고객은 메시지를 던질 때는 의식적으로 준비된 메시지를 표현하지만, 무의식적으로 자신의 입장과 상황 또는 곤란한 문제, 욕구 등을 지나가는 말로 또는 혼잣말로 표현하기도 한다. 유능한 영업전문가가 되려면 이러한 고객의 메시지를 놓치지 않고 영업의 기회로 활용할 수 있어야 한다. 지금부터 알아보는 경청의 방법을 통해 당신 또는 그러한 능력을 갖추기를 바란다.

경청은 크게 언어적인 방법과 비언어적인 방법이 있다. 어느 것이든 중요한 핵심은 내가 상대방의 말을 경청한다는 것을 상대방이 알아야 한다는 것이다. 즉 경청은 상호 교환적이고 상대적이라는 것이다. 먼 산을 보고 있지만 실은 귀를 기울여 상대방의 말을 듣고 해석하는 우리의 모습(나의 경청태도, 눈 맞춤에 대한 두려움으로)을 상대방은 어떻게 받아들일까? 상대방이 던진 메시지의 기대와는 다른 반응을 보일 때 상대방은 그 영업전문가를 어떻게 해석할까? 강조하고자 하는 것은 당신이 고객의 말을 경청하고 있다는 것을 상대방이 알도록 하여야 한다는 것이다. 이제 그 방법들에 대해 하나씩 살펴보도록 한다.

우선 경청의 태도를 보면

① 좋은 경청의 태도를 가진 영업전문가는
  - 고객의 말속에서 무엇인가 도움이 될 만한 것 - 영업의 기회 발굴과 고객과의 관계 형성에 - 을 찾고자 한다.
  - 고객의 용모보다는 메시지에 10배 더 신경을 쓴다. 즉 선입견을 갖지 않고 경청한다는 것이다.
  - 고객을 판단하기 전에 그의 말을 끝까지 듣는다. 영업전문가가 가진 사전지식이나 정보로 추측한 것을 판단(고객의 니즈)의 근거로 삼지 않는다는 것이다.
  - 고객의 중심생각, 욕구, 문제 등을 파악하고자 고객의 표현 하나하나에 귀를 기울인다.
  - 2~3분간 듣고 기록하고 메모한다. 아주 훌륭한 경청의 기술이고 태도이다. 우리의 두뇌가 가진 능력은 뛰어나지만 고객의 말을 모두 기억한다는 것은 불가능하다. 가장 큰 이유는 영업전문가는 자신이 준비해 온 메시지를 전달하고자 하

는데 우선순위를 두고 있기 때문에 고객의 중요한 메시지를 놓치는 경우가 많다. 이를 극복하는 가장 좋은 방법은 메모하는 것이다.

- 듣는 동안 긴장을 늦추지 않고 듣는다. 이는 고객의 표현 하나하나에 신경을 집중하라는 것이다. 다른 생각을 하지 말라는 것이다.

- 주의를 산만하게 만드는 요소(소음, 전화 등)를 제거한다. 이러한 노력이 고객에게는 좋은 이미지를 줄 것이다. 적절한 장소로 옮기는 것도 좋은 방법이다.

- 어려운 내용을 듣고 이해하기 위해 학습한다. 이 말은 고객의 업무와 비즈니스에 대해 전문가가 되어야 한다는 것이다. 고객의 업무를 잘 모르면 고객의 말을 이해하지 못하거나 듣고 흘리거나 혹은 영업전문가 마음대로 해석한다. 고객의 용어로 상담을 진행하라.

- 자신이 가진 한계(지식의 부족 등)를 인식하고 때로는 고객에게 이해가 안 되는 부분에 대한 추가적인 설명을 요구한다. 이러한 솔직한 태도가 고객의 마음을 움직일 수 있다.

- 생각의 속도를 유용하게 활용한다. 이 말은 우리의 두뇌가 가진 능력(상대의 말을 듣고 있으면서 다른 생각을 해도 집중하면 상대의 말을 경청할 수 있는 능력)을 효과적으로 활용하라는 것이다. 고객의 말을 들으면서 "고객이 전하고자 하는 요점은? 다음의 말은?" 등을 영업전문가가 가진 정보

또는 지식과 대조와 비교하면서 머릿속으로 요약하라는 것이다. 고객의 표현속에 숨겨진 의미를 파악하라는 것이다.

② 영업전문가가 가져서는 안 되는 나쁜 경청 태도로는
- 고객의 말을 흥미 없는 주제라고 여겨서 말을 끊거나 가로막고 영업전문가 중심의 말(상품 자랑 등)을 하는 것이다. 영업전문가는 자신의 메시지를 중요하고 가치 있게, 즉 설득력 있게 준비하여야 한다. 하지만 그 가치는 고객이 결정하는 것이다. 무엇이 고객에게 가치가 있는지는 고객이 하는 말속에 포함되어 있다. 고객의 말을 무시하거나 흥미를 갖지 않는다면 절대로 고객의 니즈와 마음을 얻을 수 없을 것이다.
- 고객의 말솜씨, 용모에 신경을 써서 영업전문가의 마음에 드는지 안 드는지를 판단의 근거로 삼는다. 절대로 해서는 안 되는 행동이고 보여서는 안 되는 태도이다.
- 고객의 말을 넘겨짚고 반박할 준비를 한다. 고객의 말을 넘겨짚어서는 고객의 마음을 읽을 수 없고 고객의 요구를 파악할 수도 없다. 더 나아가 이러한 태도는 고객의 마음을 닫게 하고 영업전문가의 메시지를 들으려는 마음을 사라지게 한다.
- 걸러내면서 귀를 기울인다. 이 말은 영업전문가가 자신이 관심을 갖는 메시지만을 선별해서 듣는다는 것이다. 고객의 말 이면에 숨겨진 의미와 개인적인 관심과 욕구에 대해서는 관심을 갖지 않거나 무시한다는 것이다.

- 내가 들은 모든 것을 개관(전체를 대충 살펴보는 것)하려 한
  다. 고객의 상황과 입장 그리고 고객이 해결할 문제 등을 파악
  하기보다는 고객의 말을 잘 이해하고 있다고 전제하고 영업
  전문가 자신의 욕구(메시지 전달)에만 관심을 갖는다는 것이다.
- 고객에게 집중하는 체하지만 정작 언제 자신의 메시지를 전
  할까 하는 생각으로 고객의 말을 가로막고 끼어들 틈을 찾
  으려는 태도를 말한다.
- 고객이 전하는 메시지의 어려운 내용을 피하려고 한다. 특히 자
  신이 잘 모르는 전문적인 용어나 고객의 까다로운 요구를 얼렁
  뚱땅 넘기려는 태도를 말한다. 때로는 못 들은 척하기도 한다.
- 고객의 메시지 중 신경 쓰이는 표현에 영향받아 여유 있는
  생각을 하지 못한다. 고객의 메시지 하나하나에 너무 신경
  을 써서는 다른 중요한 핵심을 놓칠 수 있다는 것이다. 고객
  은 때로 자신이 원하는 구매(최적의 구매와 구매비용 절감)
  를 하기 위해 영업전문가의 전문성을 인정하지 않거나, 영
  업전문가의 솔루션 가치를 평가절하하거나 혹은 다른 경쟁
  사를 언급하면서 영업전문가를 흔든다. 이러한 고객이 던지
  는 표현 하나하나에 영업전문가가 흔들려서는 고객의 말을
  경청할 수 없다.

  영업전문가는 자신의 경청태도에 대해 객관적인 시각과 관
  점에서 피드백을 받아 보는 것이 좋다. 동료 혹은 상사로부
  터 자신의 경청습관과 태도에 대해 평가를 해 달라고 요청하

는 것이 좋다. 커뮤니케이션 특히 경청의 기술은 습관에서 나온다. 자신도 모르는, 그래서 고객의 마음을 불편하게 하는 경청의 습관을 고치도록 하라.

자! 지금부터는 영업전문가가 반드시 알아야 하고 습관화하여야 하는 경청의 방법에 대해 알아보자. 거듭 강조하지만 경청을 통해서는 상대(고객)의 마음을 얻을 수 있지만 말을 많이 해서는 불가능하다는 사실을 기억하라. 경청은 생각보다 어렵다. 가장 큰 이유는 사람은 말하려는 즉 자신의 의견/생각을 표현하고자 하는 욕구가 강하기 때문이다. 즉 대부분의 사람들은 자기중심적으로 커뮤니케이션(말하기, 듣기)을 하기 때문이다. 또 다른 이유로는 경청은 마치 자신이 상대에 비해 힘이 없거나 상대적으로 불리한 위치에 있다는 것을 보여 준다는 잘못된 생각을 갖고 있기 때문이다. 이 두 가지 선입견을 버리고 경청을 가장 좋은 그리고 유용한 비즈니스 커뮤니케이션 스킬로 받아들이기 바란다.

우선 좋은 경청 태도를 갖기 위해서는
- 상황과 상대에 대한 부정적 감정을 제거하라.
- 주의를 기울여 끝까지 들어라. 중간에 끼어들지 마라. 조만간 고객의 말은 끝난다.
- 고객의 이야기에서 세 가지를 들어라.
  - 현재 하고 있는 이야기

-이야기 속에 포함된 하고자 하는 말

-이야기하지 못하지만 전하고 싶은(이해해 주기를 바라는) 말

● 귀로만 듣지 말고 눈, 몸, 느낌으로 들어라.

● 비판적인 자세는 지양하고 수용적인 자세로 들어라.

● 이야기하는 동안 시선을 집중하라.

● 객관적인 사건/사실을 들음과 동시에 감정도 들어라.

● 제3자를 개입시키지 마라.

● 메모하는 태도를 갖는다 등의 태도를 갖도록 하라. 그리고 고객과 상담하러 갈 때는 다음의 방법으로 경청하겠다고 다짐하고 필요하다면 언어적인 경청준비를 하도록 하라.

① 비언어적인(행동) 경청

고객의 말을 경청을 하고 있다는 것을 고객이 인식하도록 해야한다. 지극히 당연한 말이다. 영업현장에서 활동을 하는 영업전문가들에게 고객의 말을 경청하는가 하는 질문을 하면 한결같이 '그렇다. 너무 당연한 것 아닌가?'라는 반응을 보인다. 그들은 자신들은 경청을 잘 하고 있는 것으로 생각하지만 실제는 그렇지 않다. 이 말에 영업전문가들은 반박하려고 할 것이다. 하지만 고객의 구매프로세스를 파악하는 정도나 고객의 구매조건을 파악하는 수준 그리고 고객이 왜 구매하는지의 궁극적인 이유를 모른 채 영업활동을 하고 있는 현실이 그것을 대변한다.

상대방의 말을 경청하는 모습과 태도는 상대방이 누구든 평소

갖고 있던 습관대로 나온다. 고객을 만나는 순간에는 경청하려고 하지만 시간이 지날수록 영업전문가는 고객과의 모든 커뮤니케이션 상황과 내용을 자기중심적으로 바라보고 반응하고 자신이 원하는 대로 결론을 내리려고 한다. 상담은 영업전문가가 주도하되 말을 고객이 많이 하도록 하여야 하는데 그 반대인 것이 현실이다.

다음의 행동(비언어적)으로 보여 주는 경청기술이 몸에 배이지 않았다면 결코 고객의 마음을 얻기는 어려울 것이다. 따라서 영업전문가는 언제 어떤 고객과 어떤 내용의 상담을 전개하든 아래의 태도와 자세들을 고객이 인식하도록 행동으로 보여 주어야 한다.

ⓐ 눈 맞춤을 하라.

ⓑ 고개를 끄덕이고 적절한 표정을 지어라.

ⓒ 공감적인 표정과 표현을 한다.

ⓓ 주의를 산만하게 하는 행동이나 제스처를 피하라.

ⓔ 질문하라. 고객이 계속 말을 하도록 추가질문을 하라.

ⓕ 메모한다. 항상 다이어리나 수첩/메모장 등을 휴대하고 다니고 활용하라.

ⓖ 끼어들지 않는다. 고객의 말을 중간에 끊지 마라.

ⓗ 너무 많이 말하지 않는다. 먼저 듣겠다는 결심을 하고 참아라.

ⓘ 적절한 스킨십을 한다. 단 이성 간에는 매우 주의해야 한다.

ⓙ 역할 전환을 자연스럽게 하라. 고객의 행동을 따라 하라. 그러면 고객은 더 많은 동기부여가 된다.

ⓚ 방해물이 있으면 제거하라. 장소를 이동하거나 필요한 조치

를 취하라.

이러한 비언어적인 경청은 고객으로 하여금 영업전문가를 인간적으로 받아들이게 만든다. 이러한 비언어적인 경청은 대부분의 영업전문가들이 자연스럽게 활용한다. 문제는 이 비언어적인 경청은 영업전문가가 고객의 말에 집중한다는 것을 행동으로, 몸으로 보여 주지만 고객의 말속에 숨어 있는 이면, 고객의 내면적인 이유를 파악하는 데는 한계가 있다는 것이다.

고객의 표현 속에 숨겨진 진정한 의미와 고객의 상황을 올바로 파악하기 위해서는 좀 더 깊은 대화를 하여야 한다. 이 기술이 언어로 하는 경청기술이다.

② 언어를 통한 경청

당신과 상담을 하던 고객이 "가격이 부담이 되는군요. 우리는 이렇게 비싸게 구매할 이유가 없습니다"라고 한다. 당신이 비언어적인 경청으로 고객의 말을 들었다. 하지만 이것으로 고객이 한 말의 진의와 말속에 포함된 의미를 파악할 수 없다. 당신은 고객의 말을 어떻게 받아들이고 대응힐 것인가? 고객의 말을 어떻게 해석하는가가 대응의 방향과 내용을 결정힌다. 이 고객의 말을 그대로 해석한 영업전문가(비언어적인 경청만 한)는 아마도 "얼마나 가격을 깎아 주어야 하는가?" 혹은 "그럼 ___만큼 가격을 깎으면 구매를……"라는 대응을 할 것이다. 다른 영업전문가(언어적 경청을 하는 영업전문가)는 고객의 말을 두 가지로 해석한다. '가격이 비싸다는 말이 진짜일까? 가격을 깎으려는 작전이 아닐까? 진짜 가격이 문제일까? 이것을 먼저 확인해 봐야겠다'라는 해석과 '비싸게 구매할 이유가 없다는 말이 구매계획은 있다는 것인가? 아니면 구매계획조차 없다는 말인가? 현업부서의 구매요청이 있는지 먼저 확인을 해 봐야겠다' 등으로 해석한다. 그 결과 영업전문가의 대응 방법은 당연히 다를 것이다. 물론 앞의 영업전문가와 그 결과도 다를 것이다. 이것이 언어적인 경청의 출발점이다. 고객의 말을 있는 그대로 해석하거나 단정 짓는 것은 올바른 커뮤니케이션 능력과 태도가 아니다.

영업전문가는 고객과 상담 시 고객이 표현하는 메시지 하나하나에 담긴 의미를 이해하고 고객의 현재 상황과 요구사항을 정확히 파악할 수 있어야 한다. 이를 위해서는 비언어적인 경청만으로 되지 않는다. 고객의 메시지를 듣고 자신이 이해한 수준과 고객이 원하는 것을 파악한 것이 맞는지를 확인하기 위해 언어로 적절한 반응(요약, 반복, 환원 등)을 보여야 한다. 행동으로 보여 주는 경청만큼 언어로 보여 주는 경청 또한 매우 중요하다. 어쩌면 행동적인 경청보다 더 중요하다고 볼 수 있다.

언어적인 경청은 고객으로 하여금 더 많은 말을 하도록 유도하는 힘이 있다. 언어적인 경청은 대화를 자연스럽게 주도하면서 이끈다. 고객에게 지금의 상담 중심이 자신이라는 것을 느끼도록 하고 더욱 몰입하게 만든다. 고객이 자신도 모른 채 자신의 현재 상황, 목표, 해결할 문제 등을 자연스레 말하도록 한다.

고객과 상담하면서 영업전문가가 활용하는 언어적인 경청은 수준 높은 상담을 가능하게 한다. 아래의 방법들을 활용하여 고객의 말을 경청하며, 고객을 상담의 주인공으로 만들어 더 많은 이야기를 하도록 상담을 이끌도록 하라.

ⓐ 반복하기

고객이 표현한 메시지를 그대로 반복한다.

영업전문가는 고객의 말을 반복함으로써 영업전문가가 고객의 말을 이해한 수준을 검증받을 수 있다. 고객 또한 자신이 어떤 메시지를 전달하였는지 알게 된다. 고객은 자신의 말의 의미를 영업전문가가 잘못 해석하였다고 판단되면 고객 스스로 수정을 해 준다.

"지금 말씀은 품질이 중요하다고 말씀인가요?"

"아직 구매를 결정할 시기가 아니라고 말씀을 하셨습니다. 맞습니까?"

ⓑ 환언하기-바꾸어 말하기

고객의 메시지를 영업전문가의 말로 바꾸어 표현해 이해 수준과 핵심(고객의 요구사항 등) 메시지의 파악 정도를 확인한다.

"그러니까 ___의 생각으로는……."

"지금 ____라고 말씀을 하시는 것 같은데…"

"제가 이해하기로는……."

"그럼 경쟁사의 전략에 대응하기 위해 품질향상이 중요하다는……?"

ⓒ 요약하기－핵심을 확인

고객의 메시지 중 핵심－고객이 진짜로 전달하고자 하는 내용－을 재확인 하는 것이다.

"품질이 중요한 이유는 고객만족을 통해서 더 높은 경쟁력 확보가 중요하다는 것이…."

"구매비용을 줄이기 위해 구매 조건 중 ＿와 ＿을 재조정하여야 한다는……."

"○○○○년도의 업무목표 달성을 위해 원가절감이 핵심이라는 말씀이신가요?"

ⓓ 감정 파악하고 공감하기

감정을 파악하고 공감하는 것은 고객이 가진 개인적인 니즈(해결할 문제와 채우고자 하는 요구－안정, 안전, 인간관계, 인정, 영향력 등 개인이 가진)를 알고 있으며 이해한다는 것을 보여 주는 것이다. 개인 고객이든 기업 고객이든 구매하는 과정에서 고객이 심리적으로 느끼는 불안감이나 채우고자 하는 욕구가 있다는 것을 인정하고 이를 해결해 주는 노력을 하여야 한다. 심리적인 욕구, 개인적인 욕구가 때로는 구매결정의 중요한 역할을 하기도 한다. 영업전문가가 제시하는 사례에 대한 확신이 부족할 때, 구매를 통해 내부 이해관계자들의 반응이 중요할 때 고객은 신중하고 안정적인 구매를 하고자 한다. 그러한 고객의 마음을 알고 인정하면서 해결해 주도록 하라.

“이번 구매를 통해 업무성과 향상이 필요하다는……”

“사용법의 설명 혹은 교육이 중요하다는 것은 충분히 이해합니다. 저 역시도….”

ⓔ 요청하기 - 고객으로 하여금 더 많은 이야기를 하도록 한다. 고객의 말이 애매하거나 어떤 의미인지 판단하기 어려울 때 사용한다.

“좀 더 자세히 이야기해 주시면……?”

“조금 전의 말은 아직 구매계획을 수립하지 못하였다는…… 그럼 언제……?”

“업무상의 문제가 무엇인지? 원가절감인지 아니면 업무효율인지?”

“경영 목표인 고객만족을 위해 ____부서의 목표는 무엇이고 그 해결방법은 어떻게 준비하고 있는지……?”

ⓕ 경청의 백미 - 5W1H를 활용하라. 더 자세한 정보를 파악하는 능력이다. Who, Where, When, What, Why, How 질문을 하는 것이다.

“아직 구매시기가 아니라고 말씀을 하셨는데… 언제쯤…?”

“생산부의 원가절감 방법으로 어떤 방법을 찾고 있는지…?”

“왜 그 조건이 중요한지…?”

“자료를 드리면 현업부서에 넘기겠다고 하셨는데 그 부서가 어디인지? 혹시 개발부는 아닌지? 그렇다면 개발부에서는 누가 실무자인지?”

ⓖ 고객의 흥미를 끌어내고 고객이 자연스레 말문을 열도록 미끼
　（대화의 소재）를 던져라.

영업전문가를 만나는 고객이 자신의 현재 상황과 해결할 문제 즉 구매를 해야 하는 필요성과 이유를 말하는 경우는 드물다. 고객（구매담당자든, 현업 사용자든）은 자신이 불리한 상황에 있다는 것을 영업전문가에게 알리고 싶어 하지 않는다. 이유는 고객은 구매하는 입장에서의 유리한 위치를 점하고 유지하기 위해서이다. 따라서 영업전문가를 만나는 고객은 "왜 방문하였는가?", "어떤 제품인가?", "우리는 필요 없다" 등등의 거부 혹은 부정적인 반응을 보이는 경우가 대부분이다. 영업전문가는 이러한 까다로운 고객과도 효과적으로 상담을 전개할 수 있는 능력과 기술을 갖추어야 한다. 여기서 말하는 미끼는 고객의 비즈니스에 대한 현재 상황과 정보를 바탕으로 고객에게 도움이 되는 메시지를 혹은 현재의 상황이 주는 도전과 문제를 강조하면서 고객에게 상담의 필요성을 자극해 고객이 상담에 임하도록 하는 대화의 소재이다. 이 소재를 영업전문가가 던짐으로써 고객으로 하여금 자신의 문제와 목표 그리고 현재 상황을 말하도록 하는 것이다.

미끼의 예로는 영업전문가의 기존 고객이 얻은 이익과 문제해결에 대한 자료, 그리고 영업전문가가 고객을 분석한 내용이다. 기존 고객이 얻은 이익을 사용할 때는 "＿＿＿＿기업（상담 중이 고객이 경쟁사 등）이 최근에 원가절감을 성공적으로 한 것을 알고 있는가?

____기업도 그것을 원하지 않는가?"와 같은 질문을 하는 것이다. 또한 영업전문가는 고객을 만나러 갈 때 고객사와 고객의 산업에 대한 종합적인 정보를 파악해 고객의 구매 필요성을 파악하여야 한다. 영업전문가가 파악할 고객에 대한 종합적인 정보는 다음과 같다.

- 고객의 고객(end user)의 요구사항과 트렌드
- 고객의 경쟁사 움직임과 경쟁력
- 고객의 기존 공급업체와의 협상력→고객에게 많은 구매비용을 부담시킨다.
- 고객의 고객이 가진 구매력(협상력)→고객의 매출이익률에 영향을 끼친다.
- 대체재의 존재 여부→대체재는 고객사의 시장 점유율에 영향을 미친다.
- 신규진입자의 존재여부와 경쟁력
- 거시적인 환경: 법률, 정책, 사회적 환경
- 위의 요소들에 의해 결정된 고객의 경영방침 혹은 경영전략, 경영목표

이러한 환경적인 변화는 고객의 경영전략과 경영목표 수립에 영향을 미치고 그 결과 구매의 필요성이 발생한다. 영업전문가는 고객과 이러한 환경적인 변화와 대응방법에 대해 대화를 전개할 수 있어야 한다. "최근에 ____한 변화가 일어나고 있는데 이 변화

가 ○○기업에 영향을 주지 않는가? 이 변화로 원가절감이 중요한 업무목표로 수립되어 있지 않은가?" 등의 미끼로 고객이 상담에 집중하도록 유도할 수 있어야 한다.

이 정보들은 고객의 니즈를 발굴하는 단계에서 자세하게 알아볼 것이다.

지금까지 알아본 경청의 방법(비언어적 경청과 언어적 경청)을 한 가지만 사용해서는 효과를 볼 수 없다. 또 한 가지만 사용해서는 상담 분위기가 조성되지도 않는다. 즉 실제 상담과정에서는 위의 모든 경청기술을 사용할 수 있어야 한다. *고객을 바라보고, 고개를 끄덕이고, 좀 더 자세히 말해 달라고 질문하고, "___을 원한다는/___에 좀 더 확신을 갖고 싶다는 의미입니까?"라고 반복 또는 요약하고, "효과적인 구매를 통해 내부이해관계자들로부터 인정을 받는 것은 매우 중요하다는 것입니까?"* 등등의 언어적, 비언어적인 경청을 통해 고객의 니즈와 요구를 파악하여야 한다.

다시 한 번 강조하지만 영업전문가로서 고객의 마음을 얻고, 필요한 정보를 파악하며, 고객을 효과적으로 설득하기 위한 핵심(고객의 니즈)을 파악하여야 한다. 그리고 고객과의 지속적인 관계 유지를 원한다면 말(상품을 팔려는, 상품의 스펙만 자랑을 하는)을 하기 전에 먼저 경청하는 것을 습관화해야 한다. 말을 많이 해서 상대를 설득시키기는 어렵다는 것을 알아야 한다.

④ 고객유형과 영업 커뮤니케이션

앞에서 알아본 것과 같이 영업전문가가 영업활동을 하면서 만나는 고객은 다양한 성격과 행동유형을 갖고 있다. 가끔씩 영업전문가는 고객이 이해하지 못할 행동 혹은 예기치 않은 반응을 보여줄 때 당황하거나 적절한 대응방법을 찾는 데 어려움을 경험하였을 것이다. 평소에는 아무런 문제 또는 갈등이 없었던 말과 행동이 어떤 때는 갈등을 불러오기도 한다. 늘 환영하고 반갑게 맞이하던 고객이 오늘은 왠지 대화를 하려 하지 않는다. 대화를 시작하여도 영업전문가의 말에 즉각적이고 긍정적인 반응보다는 신중하게 생각하고 질문—어떻게 믿을 수 있는가, 근거가 있는가 등—을 한다. 곧 구매 의사결정을 할 것이라고 예상한 고객이 추가적인 자료를 요구하거나 새로운 거래조건을 제안한다.

이러한 고객의 행동과 말의 변화는 고객의 외부환경 변화(업무 추진, 조직생활 등)와 고객의 내면 욕구에 의한 변화가 있다. 영업전문가 입장에서는 이러한 변화된 상황에 적절히 대처하는 영업상담스킬이 요구된다. 즉 고객의 변덕 또는 행동의 변화가 내부 조직 또는 업부상의 문제인 경우도 있고 고개 개인이 가진 행동/성격유형에서 나올 수도 있다. 중요한 것은 영업전문가는 어떠한 경우든 고객의 말과 행동의 변화를 이해하고 고객을 움직일 수 있는 방법을 찾아야 한다. 고객이 처한 상황의 변화는 고객의 개인 성격유형에 영향을 미친다. 이 성격유형은 고객의 업무 추진 방법에도 영향을 준다. 물론 외부적인 영향을 받지 않더라도 고객은 개인의 성격유형에 따라 영업전문가를 대하는 태도와 행동이 다르다.

고객의 성격유형에 따른 효과적인 상담을 위해서는 고객의 성격유형을 이해하고 적절히 활용하고 대응하는 능력을 갖추어야 한다. 여기서는 고객이 가진 성격과 행동의 유형에 대한 보다 전문적인 분석과 대응방법에 대해 알아보도록 한다.

여기서 알아보는 성격유형은 많이 알려진 DISC로 본 성격유형이다. 이 DISC는 사람들이 다양한 행동의 경향성을 갖고 있으며 상황에 따라 이 유형에 맞는 반응을 보인다는 것으로, 1928년 미국 콜롬비아대학 심리학 교수인 William Mouston Marston 박사가 독자적인 행동유형 모델을 만들어 설명한 것이다. Marston 박사에 의하면 인간은 환경을 어떻게 인식하고 또한 그 환경 속에서 자기 개인의 힘을 어떻게 인식하느냐에 따라 4가지 형태로 행동을 하게 된다고 한다. 이러한 인식을 축으로 한 인간의 행동을 Marston 박사는 각각 주도형, 사교형, 안정형, 신중형, 즉 **DISC 행동유형**으로 부르고 있다.

이 4가지 유형의 특성을 파악해 고객의 행동을 분석하고, 고객에게 맞고 적절한 영향력이 있는 커뮤니케이션과 영업활동을 전개하는 능력을 갖추는 것이 이 절의 목적이다. 우선 성격유형을 진단하는 자료를 통해 고객의 성격유형을 진단하고 각 성격에 대한 이해와 대응방법에 대해 알아보도록 한다.

1) 성격유형 진단

다음의 진단지를 체크할 때 자신이 가장 잘 알고 있는 고객 1명을 선정하여야 한다. 그리고 각 4개의 표현된 단어 중 그 고객을 가장 잘 나타내는 단어를 시작으로 4점, 3점, 2점, 1점 순으로 점수를 주면 된다.

예) (3) 단호한　　(4) 열정적인　　(2) 충실한　　(1) 신중한

1. (　) 단호한　　(　) 열정적인　(　) 충실한　　(　) 신중한
2. (　) 자주적인　(　) 사교적인　(　) 순종적인　(　) 주의 깊은
3. (　) 적극적인　(　) 호감 주는 (　) 동의하는　(　) 정확한
4. (　) 직접적인　(　) 낙천적인 (　) 배려하는　(　) 분석적인
5. (　) 주장하는　(　) 말 많은　　(　) 우유부단　(　) 비판적인
6. (　) 대담한　　(　) 친근한　　(　) 너그러운　(　) 자제하는
7. (　) 즉시적인 (　) 자신 있는 (　) 변함 없는　(　) 논리적인
8. (　) 굳건한　　(　) 재미 있는 (　) 양보하는　(　) 내성적

　가(　)　　　　　나(　)　　　　　다(　)　　　　　라(　)

각 항목의 점수를 합하라. 그 결과를 다음의 그림에 삽입하라.

결과

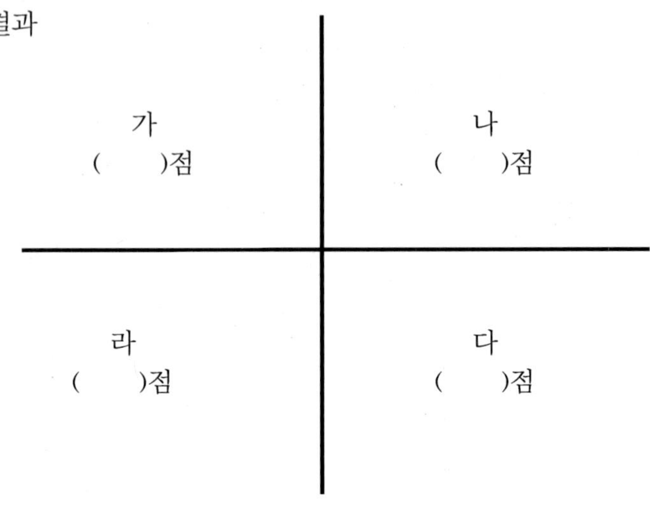

〈그림 1-5〉 고객의 성격유형 분류

　(가) 항목은 주도형의 성격을 의미한다. (나) 항목은 사교형을, (다) 항목은 안정형을 그리고 (라) 항목은 신중형 성격을 의미한다. 각 항목 중 가장 많은 점수를 얻은 유형이 그 고객의 주 성격유형이 된다. 기억할 것은 사람은 누구나 이 4가지의 성격유형을 모두 갖고 있다는 것이다. 개인의 심리상태와 처한 상황에 따라 이 4가지 유형 중 하나가 보이는 것이다. 극단적인 성격유형(4가지 항목 중 24점인 항목)은 거의 없거나 드물다. 이 말은 고객이 보여 주는 하나하나의 행동과 반응에 흔들리지 말아야 한다는 것이다.

　유형별 특징으로는 다음과 같다.

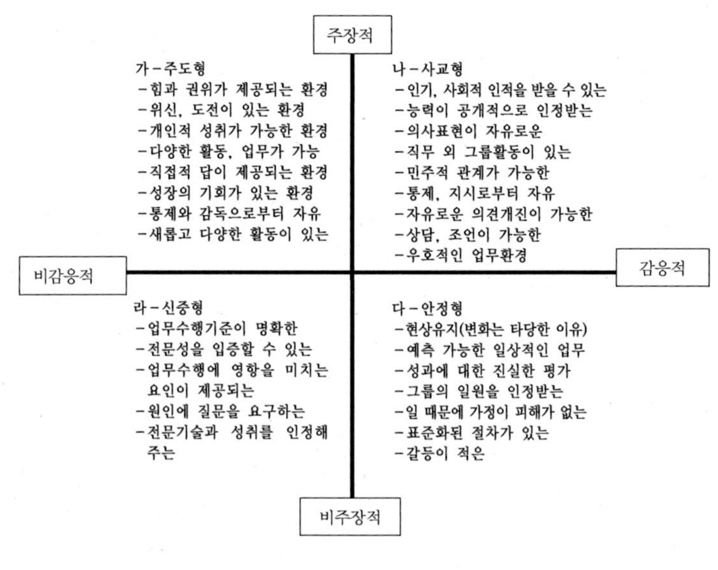

주도형(Dominance)	사교형(influence)
1. 빠른 결과를 얻기 원한다	1. 사람들과 접촉을 선호한다
2. 행동을 먼저 한다	2. 좋은 인상을 주고자 한다
3. 도전을 받아들인다	3. 의견을 명확하게 개진한다
4. 결정을 빠르게 내린다	4. 동기부여 하는 메시지를 주고 분위기를 만든다
5. 현 상태에 대해 의문을 제기한다	5. 사람들의 열정을 일으킨다
6. 권위를 사용한다	6. 사람들을 즐겁게 만든다
7. 곤란한 일들을 처리한다	7. 다른 사람들을 돕고자 한다
8. 문제를 적극 해결한다	8. 그룹에 참여한다
1. 핵심지시와 기준에 주의를 기울인다	1. 널리 인정될 방식으로 업무를 수행한다
2. 핵심 세부사항에 중점을 둔다	2. 한자리에 오래 머문다
3. 익숙한 상황에서 일한다	3. 끈기를 보인다
4. 대인관계에서 능수능란하다	4. 전문기술을 발전시켜 나간다
5. 정확성을 추구해 자료를 요구한다	5. 업무 수행에 집중한다
6. 비판적 사고를 한다	6. 충성심을 보인다
7. 업무 수행평가에 치밀하다	7 다른 사람의 말을 잘 듣는다
8. 권위에 순응한다	8. 흥분한 사람을 가라앉힌다
신중형(Conscientiousness)	안정형(Steadiness)

〈그림 1-6〉 고객의 성격유형별 특성

고객이 가진 성격유형은 위에서 알아본 것과 같이 4가지로 구분된다. 고객은 이 4가지의 유형을 모두 갖고 있다는 것을 다시 한번 강조한다. 고객의 상황과 업무 그리고 영업전문가를 만나는 목적에 따라 4가지 유형이 적절하게 나온다. 대부분의 경우에는 가장 높은 점수를 얻은 유형이 그 고객을 대변한다. 하지만 영업전문가는 그 고객에게 나머지 3개의 유형도 있음을 인식하여야 한다. 까다롭게 영업전문가를 괴롭히는(자료를 갖고 와라, 믿을 수 없다, 다른 근거는…… 등의 말로) 고객도 내면에는 사교적인 성격을 갖고 있다. 우선적으로 고객이 요구하는 바를 고객이 만족할 수준으로 채워 주면 고객은 사교적인 태도와 행동을 보이기도 한다. 의사결정을 느리게 하는 안정형의 고객도 가끔은 영업전문가의 예상을 벗어난 신속한 결정을 하기도 한다. 따라서 영업전문가는 상황에 따라 덜 높은 점수의 성격유형을 자극해 고객에 대한 정보를 얻거나 구매의사결정을 촉구할 수도 있다.

각 성격이 가진 특징들은 위의 그림에 잘 나타나 있다. 이제는 영업현상에서 활용하는 방법에 대해 알아보도록 한다. 각 유형별로 간단히 정리하였다.

(1) 주도형 성격

주도형 성격을 가진 고객은 모든 상담을 자신이 원하는 대로 이끌어 가고자 한다. 주도권의 상실을 가장 두려워한다. 이 유형의 고객은 영업전문가에게 신속한 대응을 요구한다. 따라서 영업전문가는 고객의 요청에 신속한 정보와 자료를 제공하고 구매의 결정적인 이익 등을 명확하게 제안할 수 있어야 한다. 메시지를 전할 때는 결론부터 이야기하도록 하라. 이 유형의 고객과 상담할 때는 아래의 표를 참고하도록 하라.

<표 1-3> 주도형 성격과 영업전문가의 대응

상담과정	주도형
1. 계획	환경에 대한 통제력
2. 만남의 시작	사교적 대화 줄임. 핵심을 말함. 결과와 관련시킴 예) 오늘 찾아뵙게 된 것은 부장님의 ~에 대한 주요 관심사항을 잠시 논의…….
3. 인터뷰	결과 지향적으로 결과에 관련된 질문 사용. What 질문에 대비 예) 이번에 부장님께서 가장 우선적으로 생각하고 계신 것은 무엇입니까?
4. 제품 설명	능률성, 비용효과, 이점 등을 강조 예) 우리 제품은 이 분야에서 가장 커다란 수익성을 가져다줄 수 있습니다…….
5. 관심에 대한 반응	무뚝뚝함을 인정. 결과를 성취하는 데 도움을 주겠다는 것을 보여 줌 예) 이 제품에 대하여 부장님이 느끼고 계신 최종 관심사는 무엇입니까?
6. 구매촉구	선택안을 제시. 스스로 결정하게 함. 바로 결론에 도달함 예) 부장님이 제시하는 옵션에는 ___이 있는 것 같습니다. 이 중에서 어떤 것이 지금 부장님께서 가장 적합하다고 생각하십니까?
7. 사후관리 서비스	약속한 내용에 대해 엄수(납기), 사후결과에 대하여 Follow-Up

출처: Donna Long-Learning Journey

(2) 사교형 성격

이 유형의 고객은 언제나 영업전문가의 방문을 반긴다. 자신이 손수 커피를 준비하고 먼저 이야기를 꺼낸다. 이러한 고객과의 상담을 위해서는 충분한 시간을 준비하여야 한다. 이 유형의 고객은 사람들과의 관계를 매우 중요시 여긴다. 늘 주변 이야기를 많이 하기 때문에 대화가 핵심으로 들어가는 데 시간이 걸린다. 오픈마인드와 Small Talk에 시간을 투자하여야 한다. 이 유형의 고객과 상담할 때는 경청기법이 무엇보다 필요하다. 말을 끊거나 끼어들기 혹은 고객의 이야기 소재와 다른 소재를 언급해서는 안 된다. 하지만 이러한 고객은 가끔 자신이 이야기하는 중간중간에 자신의 상황을 암시하는 표현들을 사용한다. 영업전문가는 경청을 통해 이 메시지를 파악할 수 있어야 한다. 고객에게 영향력이 있거나 고객과 관계를 갖는 다른 사람들 혹은 다른 고객들을(그들이 얻는 이익, 그들과 영업전문가와의 관계수준 등) 강조하면 상담의 효과가 좋아질 것이다.

<표 1-4> 사교형 성격과 영업전문가의 대응

상담과정	사교형
1. 계획	상품/서비스가 어떻게 사람들에게 영향력과 인정을 높이는가
2. 만남의 시작	친근하고 우호적, 고객의 감정/영감과 관련시킴 예) 부장님께서는 __에 관해서 아주 강하게 느끼고 계신 것 같은데요……
3. 인터뷰	열정적으로 동기를 유발하는 개방형 질문 사용. Who 질문에 대비
4. 제품 설명	어떻게 노력을 줄이며, 타인에게 얼마나 좋게 보이는가를 강조 예) 이 세품을 쓰시면 여러 가지 사소한 일 처리가 줄어들 것입니다.
5. 관심에 대한 반응	고객의 느낌, 의문점을 공감해 줌. 다른 사람의 성공적 증언을 활용 예) 당연히 그렇게 느끼실 것입니다. 다른 사람들도 역시 그렇게 생각하고……
6. 구매촉구	쾌활하게 접근, 행동을 촉구하는 아이디어 제공
7. 사후관리 서비스	고객의 개인적 수고, 복잡한 일을 덜어 줌 친근하고 개방적인 태도 유지

출처: Donna Long-Learning Journey

(3) 신중형 성격

이 유형은 업무가 우선이다. 따라서 상담을 전개할 때는 업무 혹은 본론으로 바로 들어가는 것이 좋다. 오픈마인드를 위한 Small Talk(개인적인 이야기, 뉴스 등의 가벼운 주제로 대화를 시작하는 것)도 좋지만 이 유형은 그러한 이야기에 크게 관심이 없다. 영업전문가의 제안에 대해 근거와 사례를 요구할 가능성이 높다. 충분한 사례와 자료를 준비한 후 상담을 요청하라. 준비되지 않은 영업전문가, 실수를 하는 영업전문가에게 신뢰를 갖지 않는 유형이다.

〈표 1-5〉 신중형 성격과 영업전문가의 대응

상담과정	신중형
1. 계획	상품/서비스의 판매 기록, 논리성, 정확성, 구체성의 유지
2. 만남의 시작	부드럽게 사무적·기술적으로 용건을 말함. 전문성을 인정해 줌 예) 다음과 같은 상황에 대해서는 어떻게 생각하십니까?
3. 인터뷰	사업적으로, 고객의 지식, 전략을 표현할 수 있는 질문 사용. Why 대비 예) 그러면 어떤 것이 가장 합리적이라고 생각하십니까?
4. 제품 설명	정확성, 논리성, 문제해결의 품질 등을 강조 예) 제가 부장님께 제시한 자료를 보면 이 제품이 가장 믿을 수 있으며, 또한 생산성도 가장 높습니다…….
5. 관심에 대한 반응	고객의 집요한 질문에 응답함. 논리성을 강조, 증거 제시 예) 우리의 경험에 의하면…… 이러한 점은 부장님께서 생각하신 점과 어떤 차이가 있습니까?
6. 구매촉구	논리적 행동에 대한 요구 인정. 우선순위 명료화. 결정할 시간을 준 뒤에 직선적 결론 사용 예) 부장님께서 말씀하셨듯이 그러한 사실들은 결과로 나타날 것입니다. 이러한 상황에서 그 같은 요인들이 합리적 구매결정에 도움이 될 것입니다. (약간 쉰 다음에) 그러한 생각이 들지 않습니까?
7. 사후관리 서비스	구체적 신뢰감을 보임. 정기적으로 문서, 구두로 피드백함

출처: Donna Long-Learning Journey

(4) 안정형 성격

이 유형은 극단적으로 변화를 싫어하는 유형이다. 그리고 불확실하고 불명확한 것을 아주 꺼린다. 이 유형의 고객과 상담할 때 영업전문가는 애매한 표현을 사용해서는 안 된다. 명확한 자료와 메시지를 전해야 한다. 고객의 구매의사결정이 주는 불안감을 해소하는 데 집중해야 한다. 즉 고객이 느끼는 불안감을 이해하고 효과적인 해결책을 제안하도록 하라. 의사결정을 지나치게 요구하지 말고 느긋하게 기다리는 것(막연하게 기다리는 것이 아니라 고객의 불안을 해소해 주면서)도 좋다. 만나자마자 곧바로 업무 혹은 본론으로 들어가지 마라. 고객이 마음을 열고 영업전문가와의 상담에 확신이 들도록 서서히 접근하도록 하라.

〈표 1-6〉 안정형 성격과 영업전문가의 대응

상담과정	안정형
1. 계획	결과를 개선하기까지 안정감을 유지하기 위한 순차적 접근
2. 만남의 시작	친근하게 압박하지 않으며, 체계적으로 접근함 예) 요즘 업무는 잘 진행되고 있습니까?
3. 인터뷰	진지하게, 과제와 관련된 관심을 보이는 질문 사용, How 질문에 대비 예) 만일…이렇게 된다면, 일이 좀 더 안정되지 않겠습니까?
4. 제품 설명	어떻게 안정되고 조화로운 환경을 유지할 수 있게 되는지 강조 예) 이 제품을 사용하고 있는 고객들의 반응은 한결같습니다…….
5. 관심에 대한 반응	고객의 느낌 수용, 지속적인 지원 제공, 진정한 관심이 무엇인가 탐색 예) 부장님 느끼시는 점을 충분히 이해할 수 있습니다. 만일 제가 그 입장이라 해도 그러하게 느꼈을 것입니다. 그렇지만 좀 더 현실적으로 살펴본다면…….
6. 구매촉구	체계적인 행동방안을 제시하여 의사결정을 도움 예) 부장님께서도 이런 점에 대하여 같은 생각을 하시지 않습니까? 그렇다면 업무효율을 높이기 위하여 부장님께서는 바로 지금 ~을 하셔야만…….
7. 사후관리 서비스	고객의 안정감을 높이기 위해, 개인적 관심, 유용성을 보이고 지속적인 Follow-Up을 함

출처-Donna Long-Learning Journey

2) 정리 및 성격유형이 주는 메시지

고객의 성격이 다양하듯이 영업전문가 또한 위의 4가지 성격을 갖고 있다. 따라서 고객이든 영업전문가이든 아주 개성이 강한(하나의 유형이 두드러지게 강한) 성격 소유자가 아니라면 큰 대립 혹은 갈등 없이 비즈니스를 할 수 있고 인간적인 관계를 유지할 수 있다. 이 말은 어떤 유형의 고객이든 영업전문가가 조금의 노력(고객을 이해하는)을 하면 얼마든지 유연하게 대응할 수 있다는 것이다.

그리고 고객의 변덕에 신경을 크게 쓸 필요는 없다. 고객의 민감한 반응과 변화에 두려움(상담의 실패 등)을 갖거나 스트레스를 받을 필요도 없다. 당연한 것으로 받아들이고 고객을 이해하고 유연하게 대응하도록 하라. 동일한 상황과 외부의 자극 그리고 메시지를 서로 다르게 받아들이고 해석하는 것도 이러한 성격 차이 때문이다. 고객의 상황과 환경이 고객을 변덕스럽게 만들 수도 있다. 유능한 영업전문가가 되려면 항상 그 원인을 파악하고 적절하게 대응하면 된다.

만일 고객이 이제까지의 상담 틀 혹은 흐름을 바꾸려 한다면 그것이 고객의 성격 때문인지 아니면 고객의 내부 상황의 변화 때문인지를 먼저 파악하는 데 집중하라. "왜 그러한 변화가 일어났는지? 어떤 이유로 그러한 수정을 요구하는지?" 등의 질문 – 언어적 경청 – 을 활용하면 좋을 것이다.

아래의 표를 보면 각 유형에 대한 종합정리의 정보가 있다. 잘 읽고 영업상황과 고객 유형에 활용하도록 하라.

〈표 1-7〉 4가지 유형과 영업대응-정리

특 성	주도형	사교형	안정형	신중형
이 고객이 원하는 것은?	결과 통제	다른 사람과 관계 가짐 인정받음	안전 안정	정확함 질서
이 고객이 싫어하는 것은?	통제력의 상실 남에게 이용당함	거부당함 인정받지 못함	갑작스런 변화 안정 상실	일 수행결과의 비판 기준/원칙이 부족
이 고객과 의사소통 방법은?	직선적·지시적 강한 결단력 있는	열정적 자기를 내세움 사교성이 있는	인내심 있는 예측 가능한 협조적인	정확한 양심적인 통제하는
의사결정을 위해 필요한 정보는?	제품/서비스가 고객에게 무엇을 해 줄 수 있나?	누가 제품/서비스를 사용하나, 그들은 뭐라고 말하나?	제품/서비스가 어떻게 안정성을 도와주나?	왜 그것이 이익이 되는가?
이 고객에게 제품을 판매하고 서비스를 제공하는 방법은?	납기 서비스, 결과의 한계점 강조함	업무에서 성과를 올리고 인정받을 수 있다	제공되는 지원책을 강조함	제품/서비스 품질 증거, 근거자료, 실적을 강조함

● 고객의 성격유형이 주는 시사점은 아래와 같다.

　－사람은 서로 다른 행동 성향을 갖는다.

　－사람은 각자 다른 방식으로 상황과 타인을 인식한다.

　－사람 간의 차이는 단지 나와 다를 뿐이다. 이 차이가 문제가
　　되지는 않는다.

　－사람들에 대한 인식은 객관적이어야 하며, 자신과 타인의
　　행동패턴 차이에 선입관을 가져서는 안 된다.

　－다른 사람과의 관계에서 어떤 행동을 편안하게 느끼고, 어
　　떤 행동에는 불편함을 느낀다.

　－인간관계에서의 불편함은 긴장을 야기해 비즈니스에까지

영향을 준다.

- 고객의 스타일은
  - 욕구
  - 심리상태
  - 상황과 목표
  - 업무처리 방식에 영향을 준다.

- 고객은 4가지 유형을 모두 갖고 있다. 물론 영업전문가도 4가지 성격유형을 모두 갖고 있다. 따라서 마음만 먹고 준비만 된다면 얼마든지 유연하게 대응할 수 있다.

영업 커뮤니케이션 실제 1-준비

1 영업 커뮤니케이션의 목적과 달성기법

1) 설득력 강화

영업전문가가 고객과 진행하는 영업 커뮤니케이션(영업의 상담 약속 전화, 제안서, 카탈로그, 프레젠테이션, 시연 등 영업과정에서 진행하는 다양한 상담에서)의 목적은 고객으로 하여금 영업전문가가 제안하는 솔루션[상품, 서비스(제품으로서의 서비스)의 가치]을 수용(구매)하도록 설득하는 것이다. 영업의 진정한 목표는 **"자사의 표준견적서/계약서대로 고객이 구매를 하도록 하는 것이다."** 즉 영업활동을 제대로 해 영업전문가의 초기 제안인 표준 판매조건의 수정 없이 자사가 원하는 조건대로 구매결정 및 계약을 하도록 고객을 움직이는 것이다. 이것을 우리는 영업의 성과(이익

률을 100% 확보하는)중 하나인 매출이라고 정의를 한다. 또 하나
의 영업성과는 이익률 수준이다.

이 두 번째의 성과를 위한 영업협상의 경우에도 한 번의 수정
조건 혹은 영업전문가가 가진 권한범위 내에서 계약조건을 고객
이 수용하도록 하는 것이 협상 커뮤니케이션의 목적이다. 어떠한
경우든 영업전문가는 고객을 영업전문가가 바라는 대로 움직이게
하기 위해 다양한 커뮤니케이션의 수단인 영업도구를 활용해 영
업커뮤니케이션 활동을 전개한다. 효과적인 커뮤니케이션 목적
달성을 위해 우선적으로 설득에 대한 고정관념(설득을 당하면 손
해라는, 테크닉－책임질 수 없는 것을 약속하는－을 발휘해서라
도 일단 계약을 받는 것이 중요하다)을 버리고 상호 이익이 되는
결과를 위한 설득의 기술을 알아본다.

설득은 ***"상대의 동기를 기술적으로 움직여 자신이 원하고 바라
는 대로 생각하고, 판단하고 행동하도록 하는 의도적인 시도"***라
고 국어사전에 정의되어 있다.

당신은 설득을 어떻게 생각하는가? 설득하는 사람과 설득당하
는 사람 중 누가 이익을 볼 것이라고 생각하는가? 당신은 설득을
잘하는 편인가? 설득당하는 편인가? 왜 설득이 어렵다고 생각하는
가? 이러한 질문에 대한 답을 찾으면 효과적인 설득의 방법을 알
게 될 것이다.

위의 정의대로 설득을 해석한다면 누가 이익이라고 생각하는
가? 위의 정의를 보고도 많은 사람들은 설득하는 사람이 이익이라

고 생각한다. 이유는 자신이 원하는 대로 상대가 움직이기 때문이라고 답한다. 하지만 이 또한 설득에 대해 잘못 갖고 있는 편견이다. 위의 설득에 대한 정의를 잘 분석해 보자. 그 속에 설득의 답이 있다. 위의 정의를 두 가지로 분리해서 보아야 한다.

*첫 번째는 '상대방의 동기'*라는 표현이다. 이것이 의미하는 것은 무엇일까? 동기는 판단하고 행동하는 기준이다. 상대의 동기가 무엇이고 그것을 어떻게 자극하고 움직였기에 상대는 우리가 원하는 대로 생각하고 판단하고 행동하는 것일까? 이 동기를 우리는 개인의 욕구 또는 필요라고 한다. 영업에서는 이것을 고객의 니즈(해결한 문제, 불편함, 욕구, 필요)라고 한다. 고객은 자신의 필요가 채워지고 니즈가 충족되기 때문에 우리가 원하는 행동(영업의 활동단계를 수용해 주고 비즈니스 계약을 해 주며, 비즈니스 파트너로 우리를 인정하는 것)을 하는 것이다. 고객이 영업전문가를 위해 행동-자신에게 필요 없는 상품과 서비스를 영업전문가를 위해 구매해 주는-하는 것이 아님을 알아야 한다. 모든 상품과 서비스가 시장에서 거래되고 고객이 구매하는 이유는 그것이 무엇이든 고객의 필요를 충족시켜 주기 때문이다. 그래서 고객이 구매하는 것이지 영업전문가가 말을 잘해 팔리는 것이 아님을 알아야 한다.

*두 번째는 "상대방의 동기를 기술적으로 움직인다"*는 표현이다. 이것은 상대(고객)의 상황과 입장, 역할과 환경을 고려한 설득을 하여야 한다는 것이다. 영업전문가는 자신이 만나 상담하는 고

객의 역할과 권한, 상황을 잘 파악한 후 적절한 영업활동을 전개
할 수 있어야 한다. 또한 의도적인 접근을 하여 영업전문가의 제
안을 믿도록 하는 다양한 영업의 도구를 활용하여야 하며, 고객이
스스로 영업전문가의 제안을 수용하도록 상대를 움직여야 한다는
것이다. 그리고 영업의 기회인 가망고객을 선정하고, 그들의 문제/
니즈를 추론하며, 제안할 내용에 대한 신뢰를 갖도록 하기 위한
다양한 자료(사례, 근거, 증거, 전문가 증언 등)를 준비하여 전략적
인 접근-고객의 구매프로세스에 맞는, 고객의 구매프로세스에
영향을 미치는-을 하여야 한다는 것을 의미한다. 더 나아가 상대
(고객)의 개인적인 동기도 채워 줄 수 있는 다양한 제안을 개발하
고 제안하는 준비가 필요하다. 이 두 가지 요소(상대의 동기와 그
동기를 기술적으로 움직이는 자료, 내용들)가 잘 조화를 이룰 때
설득은 가능할 것이고 영업의 성공률이 올라갈 것이다.

정리하면, 1) 고객의 상황, 역할, 입장, 환경 등을 분석해 고객이
원하는 욕구, 해결할 문제, 달성할 목표 등 고객의 구매동기인 니
즈를 파악하여야 한다. 그리고 고객에 따라 이 동기가 다르다는
사실도 알아야 한다. 고객이 자신의 동기/니즈를 말해 주지 않아
도 영업전문가는, 이 정도는 추론하거나 파악할 수 있어야 한다.
2) 자신의 상품과 서비스의 가치(고객의 욕구 충족, 문제해결, 목
표달성 등을 지원하고 도와주는)와 조직의 역량(거래조건의 차별
화, 가치 있는 서비스 제공 등 고객의 구매비용을 줄여 주는)에 대

한 지식으로 고객이 가진 동기를 채워 준다는 것을 사례, 근거 등
으로 확신 있는 제안을 해 고객이 그 가치를 믿도록 하는 준비작
업이 요구된다. 고객의 니즈 파악에 대해서는 3장에서 자세히 알
아볼 것이다. 영업전문가는 고객의 상황과 환경을 분석해 고객이
가진 문제와 욕구, 니즈를 추론할 수 있어야 하고 또 그렇게 해야
한다.

설득이 달성할 또 하나의 목표는 최소의 비용으로 상대(고객)를
움직여야 한다는 것이다. 설득에서는 상대의 동기가 무엇이든, 그
리고 그 동기가 알려진 것이든 알려지지 않은 것이든, 설득하는
사람이 그 동기를 자극하든 하지 못하든 상대가 스스로 자신의 동
기가 채워진다는 것을 확신한다면 설득당할 것이다. 때로 고객은
스스로의 필요를 채우기 위해 영업전문가가 원하기도 전에 행동
하기도 할 것이다(우리가 스스로의 필요에 의해 어떤 제품을 구입
하려고 매장을 방문하는 경우를 생각하면 이해가 쉽다). 이 경우
는 고객이 스스로 필요성을 느껴 구매의사결정과정을 가동하거
나, 기업이 광고 등 마케팅 활동을 통해 고객을 설득하였기 때문
이다. 이 마케팅 비용에 늘어가는 돈을 생각해 보라. 아무런 대가
지불 없이 설득하는 경우는 없다는 것을 알게 될 것이다. 핵심은
지불되는 비용을 최소화해야 한다는 것이다. 마케팅 활동을 중심
으로 고객을 설득하려는 기업은 고객이 자신들의 판매조건을 그
대로 따르기를 바란다. 최근의 휴대폰 시장의 요금 약정제를 보면
이를 쉽게 알 수 있다. 영업활동을 통해 고객이 구매하도록 하는

기업은 영업전문가의 활동비용이 곧 마케팅 비용과 같다고 보면 된다. 이 비용의 최소화 추구와 고객의 표준계약서 구매를 설득하는 노력으로……

설득의 또 다른 목표는 상대가 기꺼이 또는 스스로 설득을 하는 사람이 바라는 행동을 하도록 해야 한다는 것이다. 왜 상대는 그러한 행동을 할까? 상대가 바라는 동기는 가시적이든 비가시적이든 자신의 동기 혹은 니즈가 채워지는 이익을 확신하기 때문이다. 또 단기적인 이익일 수도 있고 장기적인 이익일 수도 있으며 과도한 욕심에 의한 이익(그래서 결국 손해를 보는)일 수도 있다.

다음의 상황에서 상대를 설득해 보라.
① 영업활동비를 올리기 위해 회사의 경리부(비용 절감을 목표로 하는)를 설득
② 운동을 싫어하는 동료와 주말에 운동하기
③ 연봉 올리기 위한 상사와의 상담
④ 가족 여행지 설득: 남편은 국내, 부인은 해외
⑤ 야근하지 않으려는 직원을 야근하도록 설득
⑥ 중요하고 급한 일을 하는 동료를 설득해 커피 마시기 등

어느 것이 설득하는 데 가장 쉬울까? 설득의 방법과 구조, 표현 그리고 설득의 논리적인 흐름을 모른다면 모두 설득이 쉽지는 않을 것이다. 또 한 번의 시도로 설득에 실패한다면 어떻게 할 것인

가? 한 번의 시도에 상대가 설득당한다면 그 이유는 무엇일까? 상대에게 질문해 알아보도록 하라. 만일 설득당하는 조건으로 당신에게 무엇인가를 요구한다면 어떻게 할 것인가? 이에 대한 답을 하나씩 알아보도록 한다.

대부분의 사람들이 상대방을 두고 설득할 때 표현하는 모든 메시지를 분석해 보면 설득자의 관심사와 욕구 중심이다. 위의 설득 사례를 지금 당신이 시도하였다면 당신의 메시지 또한 분석해 보면 알 수 있을 것이다. 필자는 강의를 하면서 이 사실을 늘 발견한다. 즉 강의 중 간단한 상황(산책을 좋아하는 사람이 산책을 싫어하는 사람을 대상으로 산책을 하자는 설득)에서 설득하는 연습을 한다. 20개 팀(2인 1조-40명) 중 설득에 성공한 팀은 평균 5개 팀을 넘지 않는다. 특히 고객을 설득해야 하는 업무를 하는 영업전문가들의 경우에도 별 차이가 없다. 말을 못하는 것이 아니다. 대부분의 수강생 중 실습에 주어진 시간 동안 열심히 말을 한다. 그런데 설득에 성공하는 비율은 낮다. 왜일까? 설득하는 동안 사용한 표현을 살펴보면 그 답을 알 수 있다. 설득하는 사람은 자신의 입장, 욕구, 자신이 원하는 것, 왜 그것이 자신의 입장에서 필요한지를 중심으로 설득을 시도한다. 상대의 동기를 찾으려는 노력은 더더욱 하지 않는다. 더욱이 상대의 동기에 관심조차 없다. 상대가 1차 설득시도에 설득당하지 않아도 계속 자신의 이야기만 한다. 그 사람에게 "어떻게 하면 산책을 하겠는가? 무엇을 해주면……?" 등등의 질문을 사용하는 경우는 거의 없다. 그 결과는 대부분 설득의 실패로 끝난다. 설득에 성공하는 경우 중 절반은 설득당하는 사람이 산책을 실제로 좋아하기 때문에, 상대와 좋은 관계를 맺고 싶은 마음에서 허락한다. 가끔은 한마디로 상대방을 설득하는 데 성공하는 경우도 있다. 이때는 그 팀이 같은 회사 동료이거나 잘 아는 사람일 경우가 대부분이다. 이들은 상대방이 평소 원하는 것(상대의 욕구, 동기)을 알고 있고 그것을 채워주겠다는 말 한마디면 산책을 가자고 하는 설득에 성공한다. 하지만 여기에는 비용이 들어간다. 왜 비용을 들여서라도 상대를 설득하려는 것일까? 산책이 자신에게 필요하기 때문이다.

설득을 성공하는 나머지 경우에는 대부분 어떤 조건을 제안한다. 이 조건 또한 그 수행을 위해서는 비용이 지불된다.

여기서 중요한 또 하나의 사실은 설득을 시도하는 사람은 자신이 제안한 조건을 수행할 수 있는 능력이 있어야 하고 실제로 산책 후에는 수행해 주어야 한다. 자신의 능력을 벗어난 조건을 제안한 경우 일시적으로 설득에 성공할 수는 있지만 산책 후에 그것을 수행하지 않거나 수행할 수 없게 되어 상대방에게 거짓말을 한 것으로 드러난다. 이것이 일반적으로 설득하는 기교라고 생각하고, 영업전문가들이 테크닉을 사용해 고객의 마음을 사로잡은 후 나중에 약속을 이행하지 못하거나 약속과는 다른 상품의 SPEC으로 고객의 신뢰를 잃게 되는 이유이다. 그래서 고객은 불평을 하거나 클레임 제기 또는 법적인 조치 그리고 조용히 경쟁사로 떠나간다. 이러한 테크닉의 구사로 고객이 영업전문가에 대한 신뢰를 버린다. 이러한 테크닉을 사용해 고객을 설득하려는 영업전문가 또한 스스로 자신감과 자부심이 떨어지는 것이 사실이다. 영업전문가가 고객의 신뢰를 얻고 비즈니스 파트너로 인정받으면서 장기적인 관계를 유지하기 원한다면 고객을 설득할 때도 이 사실-고객이 이익과 영업전문가의 책임-을 기억해야 한다.

기억할 중요한 사실 하나는 설득하기 위해 상대에게 어떤 조건을 제시하지 않고 상대의 상황을 분석하고 그 사람이 가진 문제나 욕구를 파악하여 그것을 해결하고 채울 수 있는 것이 산책이라는 확신을 심어 준다면 최소의 비용 아니 비용을 전혀 들이지 않고도 산책할 수 있을 것이다. 이것이 영업의 목표인 표준계약서/견적서대로 고객이 구매하도록 하는 설득-고객의 필요와 니즈 중심의 설득-을 하는 것이다.

두 번째 기억할 사실은 만일 상대가 설득당하지 않아 먼저 조건을 제안하거나 상대가 "내가 산책을 가 주면 무엇을 해 줄 것인가?" 하는 요구를 하면 어떻게 대응하는 것이 좋을까? 이때 당신이 먼저 조건을 제안할 수도 있고 상대가 원하는 것이 무엇인지 물어볼 수도 있나. 어떠한 경우는 서로가 원하는 조건의 수준이 합의되어야 산책이라는 성과를 누릴 수 있다. 이 상황은 영업의 설득-최소의 비용지불로 마무리하는 것-이 아닌 영업협상-제안한 견석서의 내용을 수정하는 것-을 진행되는 것과 같다. 고객이 영업전문가가 제안한 초기 조건을 받아들이지 않으면서 다른 조건을 역제안하거나 다른 견적서를 요청하는 경우가 바로 영업협상을 진행하자는 의미인 것이다. 이때 상대의 조건이 영업전문가가 가진 권한 내에 있다면 협상을 시도-권한을 다 사용하지 않기 위해-하거나 아니면 고객이 조건을 수용-권한을 모두 사용-하면 된다. 이때도 협상의 여지는 있다. 그렇지 않고 고객이 무리한 요구를 한다면 산책의 가치를 두고 자신의 투자범위를 결정해 대응하듯이 고객의 구매의사를 파악한 후 협상으로 전개하면 된다. 산책의 가치가 높을수록, 산책을 하고 싶은 욕구가 강할수록 투자되는 비용은 올라간다. 영업전문가의 경우 영업협상을 할 때 받고자 하는 계약서에 대한 필요가 너무 간절하기 때문에 (대부분 영업목표 달성과 조직의 압력에 의해) 협상에서 힘을 갖지 못하는 이유가 이 경우와 같다. 영업협상에서의 설득 또한 가급적 초기조건으로 고객의 구매결정을 촉구하는 것이다. 협상이 거듭될수록 계약조건은 대부분 영업전문가에게 불리하게 된다.

이러한 사실에도 불구하고 대부분의 영업전문가는 고객과 상담할 때 자신의 목표와 욕구 중심으로 상담(구매하도록 설득하는 것이 아니라 판매하기 위해 설득하는)을 전개한다. 이것이 고객이 영업전문가를 꺼리는 하나의 이유가 된다. 영업전문가로서 당신은 이 패러다임(내 목표와 욕구가 중요하고, 내 이야기를 상대가 잘 알아서 해석하고 내가 원하는 행동을 할 것이다. 어떻게든 말을 많이 잘해서 고객을 꼬여야 한다)부터 빨리 그리고 과감히 벗어 던져야 한다.

마지막으로 상대의 동기(영업의 니즈, 협상의 니즈)를 찾는 데서 설득준비는 시작된다. 고객이 '왜 영업전문가를 만나야 하는지?'에서 시작해 고객이 '왜 영업전문가의 제안을 신중히 검토를 해야 하는지?' 이를 위해서 영업전문가는 구매해야 하는 이유와 가치를 등등의 의문을 해소해주는 마무리를 준비하여야 한다. 고객 입장에서 찾아야 한다. 즉 고객은 영업전문가가 왜 자신을 방문하였는지 알고 있다. 문제는 고객이 영업전문가를 만나야 하는 이유를 설득력 있게 전달하지 못하기 때문에 영업상담의 기회가 적거나 성과가 적은 것이다. 이 이유를 우리는 고객의 니즈라고 표현한다. 이 니즈에 대해서는 다음 장에서 자세히 알아볼 것이다.

2) 설득의 기본원칙

설득을 잘 하고 싶은 욕구는 비단 영업전문가가 아니더라도 모든 사람이 원하는 것이다. 설득력이 있다면 자신이 원하는 것들 중 많은 것을 얻을 수 있기 때문이다. 설득력을 올리기 위한 원칙을 살펴보자.

① 모든 메시지는 상대방이 이해하는 단어로 표현하라. 이것이 필요한 이유는 앞에서 살펴본 커뮤니케이션의 장애물인 필터를 제거하기 위해서이다. 당신의 말을 상대방이 당신이 원하는 대로 해석하도록 만들기 위한 필수 조건이다. 당신의 말을 상대가 오해하거나 자신이 원하는 대로 해석해서는 안 된

다. 이유는 상대는 자신이 해석한 결과만을 원하기 때문이다.

② 상대방을 이야기의 중심으로 만들어라. 상대방의 관심사와 욕구를 파악하고 모든 대화의 결과와 행동이 상대방을 위한 것으로 만들고 상대방이 그렇게 느끼도록 하라.

③ 상대방의 욕구에 초점을 맞추어라. 상대를 분석해 상대의 욕구와 원하는 것을 파악해야 한다. 개인이든 조직이든 스스로 필요성과 행동의 이익을 알아야 어떤 행동을 한다. 영업전문가의 경우 고객을 분석하고 상담과정에서 고객의 니즈를 명확하게 파악하여야 한다. 1차 분석은 고객에 대한 정보를 바탕으로 영업전문가가 고객의 니즈(달성할 목표와 해결할 문제 등)를 추론하는 것이다. 2차 분석은 고객과 상담하면서 질문을 통해 추론을 확인하고 고객이 스스로 자신의 니즈를 말하도록 하는 것이다.

④ 상대방의 욕구를 채워 줄 수 있는 내용을 제안하고 그 제안을 수행할 수 있는 자신의 능력을 신뢰하도록 하라. 상대의 욕구를 파악한 후 자신의 능력과 역량으로 그 욕구를 채워 줄 수 있다는 믿음을 갖도록 하여야 한다. 이때 제안하는 것이 영업활동에서는 솔루션(상품과 서비스의 가치)이고, 영업협상에서는 계약의 조건들이다.

⑤ 상대가 해야 하는 행동(설득의 결과로 당신이 원하는 것)을 구체적이고 명확하게 요구하라. 이때 상대가 해야 하는 행동을 상대가 알아서 결정할 때까지 기다리지 말고 먼저 요

구하여야 한다. 영업전문가의 경우 고객에게 제안한 내용에 고객이 동의를 표하거나 설득되었다는 징후가 보이면 과감하게 다음의 행동(영업의 단계 제안, 계약요청 등)을 요구하는 것이다. 그래야 상대방의 반응을 살필 수 있고 또 다른 요구사항이 있는지 알 수가 있기 때문이다.

3) 설득의 심리

사람들이 설득당하는 심리적인 이유에는 여러 가지가 있다. 그 중 영업전문가가 알면 도움이 되는 것에는 다음의 것들이 있다.

① 일관성의 심리

영업전문가의 말에 일관성이 없다. 지난번 상담 때의 이야기와 오늘의 이야기가 다르다. 약속을 하고 상황이 바뀌었다고 하거나 잘 모르고 한 약속이라고 하면서 자신의 약속을 지키지 않는다. 처음에는 가격을 조정할 수 있다고 하다가 나중에 가선 가격조정이 불가능(상사가 허락하지 않는다)하다고 이야기한다. 상품의 가치(고객의 문제해결, 불편함 해소)에 대한 영업전문가의 말과 나중에 확인된 상품의 가치가 다르다. 즉 고객의 문제를 해결하지 못하거나 고객이 기대한 수준과 차이가 난다. 이러한 영업전문가에 대한 고객의 신뢰는 떨어진다. 자신의 주장을 일관되게 밀고 나가는 것이 상대를 설득하는 데 더 효과적이다. 고객 또한 이러한 영업전문가의 제안을 긍정적으로 받아들인다. 그리고 고객은 자신이 가진 영업전문가의 제안에 대한 평가내용을 계속 유지하고자 한다. 따라서 영업활동 중의 모든 제안에 대해 고객으로 하여금 항상 긍정적인 답을 하고 시각을 갖도록 하는 것이 중요하다. 항상 일관된 메시지를 전하고 영업활동을 일관성있게 하라. 임기응변과 테크닉을 구사하지 마라.

② 전문성의 심리

의사가 흰 가운을 입는 이유는? 변호사가 깔끔한 정장을 입는 이유는? 자신들이 전문가라는 인상을 주어 자신들의 말과 능력을 타인들이 믿도록 하는 것이다. 또한 전문가는 많은 주변 지식을 습득해 자신의 핵심 능력의 가치를 더해 주어야 한다. 영업전문가 또한 자신의 비즈니스와 고객의 비즈니스에 대한 전문가적인 식견과 지식, 정보를 갖고 있어야 한다. 고객은 전문적인 능력과 지식(고객의 비즈니스와 산업, 업무에 대해)을 갖춘 영업전문가의 말을 더 신뢰한다. 영업전문가는 고객의 상황을 이해하고 고객이 가진 문제를 해결하고 욕구를 충족시켜 주는 비즈니스 전문가가 되어야 한다. 영업전문가가 만나는 고객이 현업 사용자라면 특히 고객의 업무에 대한 폭넓은 지식을 갖춰야 한다. 구매담당자를 만난다면 구매프로세스와 구매전략에 대해 알고 있어야 하고 협상을 할 수 있어야 한다. 이 사실을 고객이 알도록 하라.

③ 우호성의 심리

우호적인 태도(좋은 인상, 좋은 태도, 좋은 이미지, 전문가다운 복장, 미소 짓는 얼굴, 칭찬의 메시지, 긍정적인 대응 등)는 모든 사람들의 마음을 열어 준다. 자신에게 호감을 보여 주는 누군가를 싫어하거나 거부하는 사람은 거의 없다. 영업전문가는 항상 고객의 마음을 얻을 수 있는 인간적인 매력을 갖추어야 한다. 이미지를 관리하고 스스로 매력적인 사람이 되어야 한다. 고객이 처음 영업전문가를 만났을 때 부담감을 주어서는 안 된다. 특히 말을 많이 하는 것보다 고객의 말을 잘 듣는 경청의 전문가가 되라. 고객의 마음을 얻을 수 있는 가장 확실하고 빠른 방법이다.

④ 합리성의 심리

고객은 영업전문가의 제안에 대한 확신(구매의 가치와 그 결과로써 얻는 이익)을 원한다. 영업전문가의 말에 설득당했다는 느낌보다는 스스로 선택하였다는 느낌을 갖기를 원한다. 사람은 스스로 선택한 것에 대해서는 합리화하려는 욕구가 있다. 이 심리가 영업전문가가 일방적으로 밀어붙이기 영업을 하는 것에 대한 고객의 저항 원인이기도 하다. 고객이 믿을 만한 사례, 증거, 근거 있는 데이터 등을 토대로 신뢰를 갖도록 하라. 구매결정에 대한 고객이 합리화를 강화시켜주기 위해서는 영업전문가가 고객의 비즈니스를 도와주고 강화시켜 주려는 것이라는 것을 고객이 믿도록 하라. 영업전문가의 제안에 고객은 '왜?', '그래서?', '어떻게?'

등등의 의문을 갖는다. 이러한 고객의 의문을 사전에 해결해 주는 합리적이고 논리적인 커뮤니케이션을 하여야 한다.

⑤ 기회획득 심리

영업전문가가 제안하는 솔루션을 통해 고객이 얻는 이익과 문제해결의 기회를 강조해 고객으로 하여금 스스로 비즈니스 성장과 발전, 업무 문제해결을 통한 업무목표 달성의 기회를 잡도록 하는 방법이다. "지금 결정하면 원가절감을 ___%만큼 더 할 수 있다. 한 달 연기한다면 그만큼 손해를 본다" 등의 메시지로 고객에게 좋은 기회를 잡도록 한다. 이번 기회를 놓치면 문제의 지속과 불편함이 지속된다는 것을 강조하는 것도 좋다.

"기회가 많지 않다, 이번 기회가 최선이다." 희소성을 강조해 고객이 스스로 목마르게 해 기회를 놓치지 않도록 하는 방법이다.

⑥ 사회적, 인간관계 심리

"누가 이 상품/서비스를 사용한다. 그들이 ___한 문제해결을 하고 ___한 이익을 얻었다" 등등의 사회적인 트렌드와 사례, 증거들이 설득의 계기가 된다. 유명인 또는 고객의 주변 사람들이 사용한다는 것 그리고 그 결과로서 얻은 이익과 혜택을 강조한다. 필요하다면 그들의 추천장을 활용하는 것도 좋다. 기업들이 유명인을 광고 모델로 선정하는 이유도 여기에 있다. 대부분의 사람들은 사회적인 트렌드와 흐름에서 벗어나기를 원하지 않는다. 특히 자신과 유사하다고 생각하는 사람의 행동을 따라 하는 경향이 이것을 말해 준다. "친구 따라 강남 간다"는 속담을 생각해 보라. B2B 영업활동을 하는 영업전문가가 대기업, 유명기업이 자사의 고객임을 강조하는 이유도 여기에 있다. 기존고객의 성과들을 정리한 근거자료와 사례를 많이 준비하고 늘 고객에게 제시하도록 하라.

⑦ 선택의 심리

너무 많은 선택 항목은 결정을 지연시키거나 결정을 번복하게 하거나 결정을 후회하게 한다. 반대로 선택의 여지가 없는 경우에는 강요당한다는 느낌을 갖는다. 사람들은 결정하기보다 선택하기를 좋아한다. 너무 많은 선택안을 던지지 마라. 2~3개의 선택안을 제안하고 그중에서 선택하도록 하면 훨씬 빨리 결정한다. 상대는 영업전문가의 선택안 중에서 결정하지 못하면 자신이 생각하는 대안을 역으로 제안한다. 영업전문가는 그 제안을 받아들일 것인지 가부만 결정하면 된다.

⑧ GIVE & TAKE

모든 관계의 기본이다. 비즈니스 관계든 사회생활의 인간관계든 조직생활에서든 사람들은 상호 교환의 욕구가 있다. 무엇인가를 받았으면 무엇인가를 주려는 심리가 작용한다. 물론 반대의 경우도 마찬가지이다. '내가 준다'의 미래형은 '내가 받는다'라고도 한다. 영업전문가는 "되로 주고 말로 받을 수 있어야 한다." 뇌물이나 부당한 접대 등 비윤리적인 방법이 먹혀 들어가는 이유 중 하나이다. 작은 것을 양보하면 큰 것을 얻을 수도 있다. 특히 이 심리는 협상의 가장 기본이 되는 원칙이자 협상의 전술이다. 주는 것의 가치가 높을수록 얻는 것의 수준도 올라간다. 양보를 할 때는 조금씩 자주 양보하면서 그 가치를 항상 크게 말하라. 얻을 때는 한 번에 많은 것을 얻도록 하라.

⑨ 청개구리 심리

사람들은 하지 말라고 하면 그 행동을 더 하고 싶어 한다. 고객에게 "상품과 서비스가 어울리지 않거나 조화가 되지 않는다. 아무나 살 수 있는 것이 아니다"라고 하면 오히려 더 갖고 싶어 하는 심리이다. 이 심리는 부작용이 우려된다. 상대가 당신의 말을 그대로 믿으면 비즈니스의 기회가 사라질 수도 있음을 알아야 한다. 고객의 니즈를 확실하게 확인한 후 활용하라. 고가의 제품을 판매하는 영업전문가들이 종종 사용하는 방법이다. 고객의 자존심을 자극하는 것으로 사용에 주의를 요한다. 이것의 반대는 다음의 심리이다.

⑩ 연상의 심리/다홍치마 효과

"마누라가 예쁘면 처가 쪽을 보고 절을 한다"의 속담을 생각하라. "귀사의 ___한 문제해결을 위한 최선의 제품이다. 안성맞춤이다. 이렇게 잘 어울리는 경우는 본적이 없다" 등의 메시지가 가진 설득력이다. 영업전문가는 고객에게 제안하는 상품과 서비스를 통해 고객이 얻는 이익을 이미지로 그리도록 표현하고 상상하도록 자극하면 고객에 대한 설득력이 올라간다. 구매 이익에 대한 이미지와 연상을 고객이 명확하게 그리고 오래 가질수록 설득의 기회는 많아진다.

⑪ 기대치 심리

사람들은 상대방이 어떻게 행동할 것인가에 대하여 일정한 기대치를 형성하고 있다. 이러한 기대치가 상대방의 행동에 의해 확인되면 기존 기대치는 더욱 강화된다. 영업전문가는 고객이 영업전문가를 만나 얻고자 하는 이익을 파악하고 그 기대치를 채워 주어야 한다. 상대방의 행동이 우리의 기대치를 긍정적으로 위반할 때 상대방에 대해 보다 우호적인 평가를 내리며, 반대로 부정적으로 위반할 때 상대방에 대해 부정적인 평가를 내리게 된다. 고객이 기대하는 이상의 매력과 전문성, 이익, 가치를 제공해 주면 고객의 마음을 움직일 수 있을 것이다. 그리고 지금 상담 중인 고객이 영업전문기가 이미 자신의 구매처라는 인상을 갖는다면 설득의 효과는 더욱 올라갈 것이다. 따라서 영업전문가는 자신과 자사가 최적의 공급업체라는 것을 고객이 기대하도록 만들 수 있어야 한다.

기타 고객을 설득하기 위해서는 *미리 주기 법칙, 양보의 법칙, 미끼의 법칙, 문전 걸치기 기법, 시견법칙, 체험기회 제공법칙 등*

이 있다. 유능한 영업전문가가 되기 위해서는 고객을 이해하고 그들을 설득하는 능력이 무엇보다 중요하다. 제안서 제출, 프레젠테이션, 협상 등등의 영업도구 수행(영업활동)의 성과를 결정짓는 것은 고객을 설득하는 정도에 달려 있기 때문이다. 마지막으로 덧붙이고 싶은 중요한 핵심은 **"오늘이 지구의 종말은 아니다"**라는 것이다. 이 말이 의미하는 것은 오늘 고객과의 상담에서 설득에 성공하였든 설득에 실패하였든 고객과 만나는 마지막 날이 아니다. 오늘 결정을 보려는 조급함을 갖지 말라는 것이다. 영업전문가의 조급함은 대부분 비즈니스 조건의 악화(매출 이익률의 저하)와 책임질 수 없는 약속을 하는 테크닉 중심의 영업활동(고객의 신뢰를 잃어버리는 그리고 고객이 영업전문가를 믿지 못하는)으로 이어진다. 상품의 가치를 인지할 수 있는 제안이었음에도 고객이 수용하지 않으면 다시 만나 새로운 제안(추가적인 영업도구 활용)을 하면 된다. 이러한 상황에서 다시 만날 수 있는 계기를 마련하는 유연성과 융통성을 갖는 것이 유능한 설득자가 갖고 있는 기술이다.

그리고 고객의 요구(거래 조건의 변화)를 영업전문가가 자사의 이해관계자와 협의를 하여야 하듯이, 고객도 영업전문가가 제안한 솔루션을 내부 이해관계자들과 검토할 시간(구매프로세스 상)이 필요할 수도 있다. 그래서 결정을 연기하기도 한다. 고객의 구매결정을 연기하는 이러한 반응에 조급함을 갖지 말아야 한다. 오히려 고객이 그러한 검토를 하도록 제안(다른 영업활동 등)하라.

항상 다시 만나 대화할 여지를 남겨 두고 또 그 기회를 확보하는 것이 중요하다. 성급하게 오늘 모든 마무리를 지으려 시도하면 더 목마른 사람이 된다. 목마름의 결과는 잘 알 것이다. 설득은 시간을 두고 천천히 그리고 한 걸음씩 다가가 마음을 움직이는 것이라는 생각을 갖도록 하라.

설득을 위해서 이제 영업전문가는 자신이 준비한 메시지를 고객에게 전달하여야 한다. 고객을 이해하고 고객의 니즈를 파악하기 위해서는 경청이 필요하였지만, 고객을 설득(의사결정을 하도록 하거나 영업전문가의 제안을 수용하도록 하는)하기 위해서는 말하기 능력이 요구된다. 지금부터는 이 말하기 능력에 대해 알아보도록 한다.

영업전문가가 고객을 만나 말할 때는 크게 두 가지 경우가 있다. 하나는 오픈마인드를 위한 말하기로 날씨나 뉴스 등을 중심으로 대화하는 경우이다. 이때는 고객이 영업전문가와의 상담에 부담감을 갖지 않도록 하는 것과 고객의 성격유형 파악 그리고 영업전문가에 대한 선입견 파악 등이 목적이다. 이때 나눌 대화의 소재도 고객 중심으로 정하라. 이 고객의 마음을 여는 기법에 대해서는 Chapter 3에서 자세히 알아볼 것이다. 두 번째는 비즈니스와 관련된 대화를 본격적으로 하는 경우이다. 이때의 말하는 목적은 고객을 설득하는 것이다. 따라서 논리적이고 구조적인 방법으로 말할 수 있어야 한다.

4) 설득의 구조 1－고객의 니즈를 알 때, 고객이 자신의 니즈를
   말할 때

영업전문가 입장에서 고객의 니즈를 안다는 것은 설득의 8~9
부 능선에 올라선 것이나 다름없다. 고객의 니즈를 알고도 고객을
설득할 수 없다면 심각한 문제가 된다. 여기서 기억할 것은 영업
의 설득은 자사의 표준판매조건대로 고객이 구매하도록 하는 것
이거나, 영업의 다음 단계 약속을 받는 것이다. 영업전문가 입장
에서 고객의 니즈를 알 수 있는 경우는 고객이 스스로 상품과 서
비스를 구매하기 위해 접촉해 올 때(In Bound 고객)와 영업전문가
가 상담을 진행하면서 3장에서 알아볼 질문과 고객의 말속에서,
그리고 상담을 준비하면서 조사한 고객에 대한 정보를 바탕으로
한 추론에서 고객의 니즈를 발견하는 것이다.

성공적인 설득을 위해서 기본적으로 갖추어야 할 것이 상품의
지식 즉 솔루션이다. 고객에게 질문을 던질 때도 이 솔루션이 중
심이었듯이 고객을 설득할 때도 상품과 서비스의 가치인 솔루션
이 기본이다. 상품지식인 솔루션에 대해서는 다음 절에서 자세히
알아볼 것이다. 유능한 영업전문가가 되기 위해서는 아래의 설득
방법과 구조, 그리고 표현으로 설득할 수 있어야 한다.

(1) 상담 중 고객이 자신의 필요와 니즈를 이야기할 때
영업전문가와 상담을 하는 고객은 자신이 의도를 했든 의도하

지 않았든 자신과 자사의 입장과 처한 상황, 달성할 목표와 목표 달성의 장애물, 그리고 해결하고자 하는 문제와 필요한 솔루션을 표현한다. 또한 영업전문가는 효과적인 질문을 통해 이러한 사실을 말하도록 상담을 이끌어야 한다. 고객이 먼저 자신의 니즈를 직간접적으로 표현할 때 이를 놓치지 않기 위해서는 고객의 말을 잘 듣고, 확인하고 요청하는 경청 능력이 필요하다. 고객은 다음의 말로 자신의 욕구와 문제인 니즈를 표현한다.

- 우리는 ___한 문제를 해결해야 한다.
- ___이 금년도 회사 또는 우리 부서의 목표이다.
- 우리 고객이 ___을 원한다.
- ___이 문제이다.
- ___한 불편함과 어려움을 해결하여야 한다.
- 위에서 ___한 목표가 주어졌다.

등등의 메시지를 던진다.

위의 니즈들은 고객의 업무외 관련된 해결할 문제들이다. 영업전문가가 만나 상담을 하는 고객이 구매부 실무자라면 구매 조건에 대한 니즈이다. 현업부서의 실무자라면 영업전문가가 제안하는 상품과 서비스를 사용하는 현장의 업무와 관련한 문제들이다. 구매 실무자와 상담 중이라면 고객의 말을 듣고 협상의 단계로 진입해서 협상 설득을 하여야 한다. 이 구조는 뒤에서 알아볼 것이다. 여기서는 현업 실무자를 대상으로 하는 영업설득에 대해 알아본다.

영업전문가는 집중해서 고객의 메시지를 듣고 때로는 언어적인 경청－"지금 ＿＿을 말씀하셨는데…… 왜?", ＿＿을 원한다는 말씀이신가요?" 등으로 고객의 니즈를 재확인하거나 추가적인 정보를 얻는－을 효과적으로 활용하는 기술을 갖추어야 한다. 고객이 자신의 니즈를 인정하면 영업전문가는 설득을 시도한다. 이때 영업전문가는 다음의 구조로 설득 메시지를 전달한다. 이때가 영업전문가가 제대로 말해야 하는 순간이다.

① 고객의 니즈 인정, 고객의 니즈 반복

"지금 원가절감이 중요하며 상반기 중 5% 원가절감을 하여야 한다고 말씀하셨습니다. 맞습니까? 매우 중요한 업무 목표이지요."

② 솔루션 제시－상품, 서비스
  ⓐ 사실, 특성, 장점
"원가절감을 위해 저희 상품은 ＿＿한 기능과 특징이 있습니다."
  ⓑ 문제해결, 편리함
"이를 통해 품질향상과 생산성 증가 5%를 달성해 원가를 절감하실 수 있습니다."
  ⓒ 이익
"따라서 원가절감은 곧 고객만족과 더 많은 고객확보가 가능할 것입니다."

"그래서 ＿＿부서가 달성해야 하는 원가절감 5%가 가능합니다. 이를 통해 부서의 조직 기여도 또한 올라갈 것입니다."

ⓓ 근거/사례자료, 증거

"그것에 대한 사례로는 이 자료를 보시면……."

"또한 이 자료는 ○○○기업의 지난 2년간의 원가절감 데이터입니다. 자료에서 확인되듯이 원가절감이 확실합니다."

ⓔ 확인

"어떠신지요? 매력적이지 않습니까?"

③ 행동요구－의사결정 촉구, 영업단계 제안

"따라서 저희는 ＿＿한 방법으로 비즈니스를……?"

"동의하시면 내부 관계자들을 대상으로 프레젠테이션을 통해 보다 심도 있는 검토와 현업부서의 반응을……?"

"언제부터 저희와 거래가 가능할까요?"

"지금 결정을 내려 주시면 곧 계약을……."

영업전문가의 메시지가 고객의 이익을 명확하게 강조하고, 제시되는 사례가 객관적이고 타당하다면 고객의 마음을 움직일 수 있을 것이다. 그렇지 않더라고 고객의 흥미와 관심은 충분히 유빌할 수 있을 것이다.

위의 구조를 자연스레 사용할 수 있을 때까지 언습하도록 히라. 연습할 때는 위의 구조 그대로 따라 하는 것이 좋다. 숙달된 다음에는 다양하게 응용할 수 있을 것이다(이야기하는 순서를 바꾸는).

그리고 위의 설득구조가 복잡하다고 생각된다면 상담을 통해 고객의 니즈를 파악한 후 영업전문가의 제안(솔루션)이 어떻게 그 니즈를 충족시켜 주는지 핵심만을 전달할 수도 있다. 그 방법은 사례, 근거, 증거를 먼저 제시하면서 고객의 반응을 살피는 것이다. *"그럼 이 자료를 보시면 지금 말씀하신 원가절감의 실제 자료로 ○○○기업의 성과입니다. ___기업도 이러한 원가절감의 혜택을 보실 수 있습니다. 결정을 내려 주시면 저희는……"*의 구조로 고객을 설득하면 된다.

이와는 반대로 고객은 상담하던 중 자신의 니즈를 언급하였는데도 불구하고 영업전문가가 이를 파악하지 못한 채 자신의 상품의 기능과 성능을 자랑하는 일방통행식의 커뮤니케이션을 한다면 고객은 상담에 집중하지 못하고 "자료를 두고 가면 검토해 보겠다" 등의 말로 상담을 거절한다.

더욱이 이러한 커뮤니케이션 방법은 고객 입장에서 이 영업전문가는 자신의 니즈에 대해 관심조차 없다는 생각을 갖고 영업전문가를 비즈니스 파트너가 아닌 상품을 팔려고만 하는 장사꾼으로 판단한다. 하지만 더 큰 문제는 대부분의 영업전문가는 이 사실을 모르고 자신이 준비해 온 세일즈 톡—상품자랑 등 일방적인 설명—중심의 상담을 고집한다는 것이다. 그 결과로 고객의 상담 집중도는 서서히 떨어질 것이고 나중에는 "그럼 자료를 두고 가면 검토를……. 필요할 때 연락을……" 등등의 반응을 보인다. 이러한 반응들의 결과에 대해서는 잘 이해할 것이다.

(2) 자사의 상품과 서비스를 구매하려고 고객이 먼저 접근해 왔
    을 때→In Bound 고객

이 경우는 고객이 자신의 문제해결과 니즈 충족의 솔루션으로
영업전문가 회사를 찾는 경우이다. 이 고객이 B2B 고객인 경우에
는 대부분 구매부에서 연락(제안서 혹은 견적서를 보내 달라고)이
온다. B2B 고객은 구매계획에 의한 구매를 한다. 즉 대부분 내부
구매프로세스(구매계획에 의한 구매−경영목표를 달성하기 위한
방법인 모든 부서의 업무목표를 달성하는 요구되는 자원의 확보,
긴급구매−현장에서 발생한 긴급한 문제해결을 위한 자원의 확
보)를 가동한 후 적절한 공급업체를 선정하기 위해(구매계획 수립
시) 또는 가망 공급업체를 선정한 후 구매협상을 위해 접근(구매
업무 시작)해 오는 경우이다. 이러한 고객은 직접 찾아오든, 제안
서 또는 견적서를 요청하는 방법으로 접근을 한다. B2B 영업이든
B2C 영업이든 이러한 고객이 많다면 얼마나 행복할까?

어쨌든 고객은 자신들의 문제를 해결하고 원하는 목표를 달성
하려는 필요를 채우기 위해 외부의 상품/자원, 서비스 구매를 요
구한다. 이렇게 구매를 위해 먼저 다가오는 고객을 놓쳐서는 안
된다. 고객이 찾아왔기 때문에 구매할 것이라고 단정 짓는 그래서
효과적인 상담을 하지 않아도 된다는 안일한 생각을 해서도 안 된
다. 많은 영업전문가들이 이러한 잘못된 생각으로 영업성과 달성
의 기회를 놓치는 경우가 많다. 특히 점두영업의 경우에····· 따라
서 영업전문가는 항상 올바른 상담 스킬로 상담을 전개하고 고객

이 자사와 비즈니스 하도록 제대로 된 상담을 통해 고객을 설득하여야 한다. 더 나아가 이 고객이 이번 한 번의 거래로 관계가 끝나게 해서도 안 된다. 이러한 상황에서는 다음의 구조로 상담을 전개하고 고객을 설득하라.

① B2B 고객의 경우
- 요청받은 영업도구(제안서, 견적서 등)의 용도를 파악하라. 구매를 위한 것인지? 구매계획 수립을 위한 것인지?
- 구매프로세스를 확인하라. 구매를 위한 요구이면 구매프로세스를 파악하라. 구매부 내부의 결정만으로 구매결정을 하는지 아니면 현업부서의 검토가 필요한지를 파악해 필요한 영업의 도구를 함께 제안하라.
- 구매계획 수립을 위한 요청이라면 구매전략(경쟁구매 등)을 파악하여야 하고, 어느 부서의 요청에 의한 것인지 파악하여야 한다. 필요하다면 상담을 위한 미팅을 제안하면서 고객과 관계를 시작하라.
- 요청 부서가 구매부라면(아마도 견적서를 요청할 것이다) 그래서 조건만 맞으면 구매결정을 할 수 있다고 하면 언제든 협상할 준비가 되어 있음을, 협상할 수 있음을 명확하게 알려라.
- 요청부서가 현장부서라면 니즈를 파악하는 질문(무슨 문제 해결을 위해서⋯⋯ 등)을 활용해 고객에게 맞춤식 제안이 되도록 하라.

② B2C 고객의 경우

B2C 고객의 대부분은 직접 일하는 영업현장(판매장 등)으로 찾아온다. 어떤 매장이든 매장의 문을 열고 들어서는 고객은 상품과 서비스에 대한 관심(단순한 호기심 또는 시장 조사 및 비교를 위해 등)과 구매에 대한 필요(해결할 문제 등을 갖고 있는) 때문에 매장을 방문한다.

이러한 고객을 놓쳐서는 절대로 안 된다. 아래의 상담구조를 활용하도록 하라.

〈표 2-1〉 설득구조-B2C 고객이 찾아올 때

단　계	화　법
환영 서비스/상품 파악	√ 인사 등 √ 어떻게……? √ 무엇을 도와드리면……?
상담 -고객의 요구 확인 -비즈니스 방법 =자사의 내용 =고객이 할 일	√ 무엇이 문제인가? √ 왜 그것이 필요한가? √ 어떤 목적으로……? √ 우리가 일하는 방법은……? √ 우리의 내부 업무 프로세스는……? √ 우리의 심사/지원방법은……? √ 따라서 ＿＿을 준비해야…… √ ＿＿한 준비가 되어야 저희 서비스를…….
결과획인	√ 어떤지? 그럼 ＿＿부터 시작하도록……. √ 언제부터 본격적으로 업무를…….
사후관리	√ 결과에 대한 반응?
추가기회 제안, 발굴	√ 혹 ＿＿한 것이 필요하지 않은지? √ ＿＿한 문제는 없는시? √ ＿＿한 편리함과 이익을 알고 있는지……?

얼마 전 필자는 자동차와 노트북 구매를 위해 자동차영업소와 노트북 전문매장을 방문하였다. 그 매장에 있던 판매직원의 상담 수준은 필자의 기대 이하였다. 자동차 영업소의 직원은 필자가 10분 가까이나 자동차를 살펴보는 데 관심조차 보이지 않았다. 노트북 매장의 직원은 귀찮은 듯 필자의 질문(이것이 최근에 소개된 신제품이냐, 언제 매장에 입점하는가, 기능과 성능은, ___한 프로그램이 제공되는가 등등)에 대답하였다. 그 결과는? 일정 시간이 지난 후 필자는 자동차를 구매하고 노트북도 구매하였다. 어디서? 당연히 다른 매장에서 구매하였다.

5) 설득의 구조 2 - 고객의 니즈를 모를 때, 고객이 자신의 필요와 니즈를 말하지 않을 때

고객을 만나 상담을 전개한다. 날씨 이야기 등의 주제로 친교를 나누는 오픈마인드를 시도할 때나, 이제 본론으로 들어가 고객의 니즈를 파악하기 위해 질문을 시도하자 "왜 우리가 귀사의 상품과 서비스를 구매해야 합니까?" "어떤 상품입니까?" "바쁘니 결론부터……" 등 고객이 자신의 니즈를 말하지 않으면서 영업전문가와의 상담에 소극적으로 나온다. 경험이 있는 영업전문가라면 이러한 반응의 대부분은 아직 흥미가 없다는 것과 상담을 빨리 끝내고 싶어 하는 고객의 마음임을 잘 알 것이다. 또 질문하였을 때도 대답하지 않고 오히려 위의 질문을 하면서 영업전문가에게 대답을 요구하거나 궁지로 몬다. 심한 경우 "왜 오셨습니까? 지금 바쁘다. 우리는 됐다" 등의 반응을 보이면서 영업전문가의 방문을 반기지 않는다.

영업활동에 대한 경험이 있는 실무자들은 이러한 반응을 수없이 겪었을 것이다. 이럴 때 고객의 반응을 있는 그대로 해석하여 물러나서는 안 된다. 또 고객의 마음을 끌기 위해 조건영업을 하거나 가격을 깎아 주겠다는 메시지를 던져서는 더더욱 안 된다. 영업전문가가 고객에 대한 충분한 사전 조사와 준비를 하였다면 이러한 상황도 효과적으로 극복하고 고객을 상담에 임하도록 하는 능력을 발휘하여야 한다.

이때는 고객을 설득하기에 앞서 먼저 고객을 상담에 집중하도록 만들어야 한다. 이를 위한 가장 효과적인 방법은 고객의 관심과 흥미를 유발하는 도구와 방법을 사용하는 것이다. 이 방법을 사용하면 고객이 말한 위의 상황이 사실인지와 관심이 진짜로 없는 것인지…… 등등을 파악할 수 있다. 영업전문가가 가장 많이, 그리고 자연스럽게 활용할 수 있어야 하는 영업상담의 기술이다. 다음의 구조를 기억하고 상담을 진개히도록 하라.

(1) 흥미 유발과 관심 끌기

가장 먼저 할 일은 고객이 영업전문가와의 상담과 영업전문가가 할 제안에 흥미와 관심을 갖도록 하는 것이다. 대부분의 경우 고객은 영업전문가를 반기지 않고 자신의 요구사항과 니즈를 먼저 말하지 않는 것이 영업현장의 현실이다. 침묵하거나 어디 설명해 봐라 등등의 반응을 보인다.

영업전문가는 이러한 고객의 마음을 열거나 흥미를 유발하는 능력을 갖추어야 하고 필요한 준비를 하여야 한다. 고객이 소극적인 태도를 보일 때 회사에서 제작한 카탈로그나 제안서(상품 설명 중심의 제안서)를 제공해서는 관심을 유발하기 어렵다. 가장 좋은 방법은 기존 고객의 성공사례, 특히 상담 중인 고객 경쟁사의 성공사례 등 자사의 솔루션(상품과 서비스) 가치를 강조할 수 있는 자료를 카탈로그/제안서와 함께 또는 별도로 제공하라. 즉 고객이 상담을 통해 또는 영업전문가 기업과 비즈니스를 통해 얻는 또는 얻을 수 있는 이익(욕구/니즈 충족과 문제해결 등)을 강조하고 그것에 합당한 사례, 근거자료를 제시하면서 고객의 흥미와 관심을 끌어야 한다.

"그럼 이 자료를 한번 보시죠……. 이 데이터는 ○○○기업의 생산성 향상에 대해 저희가 도와드린 성과자료입니다. 이 자료들의 내용이 바로 제가 오늘 방문한 목적이고, 귀사가 얻을 수 있는 비즈니스 이익입니다" 등의 말을 하면서 자료를 제공한 후 고객이 검토할 때까지 기다리면서 고객의 반응을 살피도록 하라. 고객이 검토 중이면 말을 하지 말고 고객의 반응─어디에 흥미를 갖는지 등─을 살펴라. 고객이 제시한 자료와 관련된 질문을 하면 대답하면서 상담의 가능성을 타진하라. 고객이 긍정적인 반응을 보이면 다음 단계(본격적인 상담)로 넘어간다.

(2) 배경과 상황 강조

여기서는 두 가지를 말한다. 하나는 제공한 사례의 기업이 왜 자사의 솔루션을 선택하여야 했는지에 대한 상황적인 정보, 그 결과로서 얻는 이익, 자사의 비즈니스 방법 등을 이야기한다. 두 번째는 지금 상담하고 있는 고객이 처한 환경-경쟁상황, 트렌드와 시장/고객의 흐름, 해결할 문제, 고객의 요구 및 불평, 달성할 경영 목표, 기술의 변화 등-을 이야기한다. 이 단계에서 영업전문가가 고객에 대해 고객의 비즈니스를 얼마나 이해하고 있는지를 알려 전문가로서의 능력을 인정을 받을 수 있다.

이를 위해서는 방문하기로 한 고객의 산업에 대한 전반적인 정보(산업구조 분석, 거시적인 환경분석)를 수집하라. 그 정보에서 고객의 문제와 목표를 파악하고 자사의 상품과 서비스로 연결하는 준비를 하면 된다.

(3) 필요성, 요구되는 조치, 해결할 문제

위의 정보를 바탕으로 고객이 처한 상황을 정리한 후 그 상황에서 기존 고객이 해결한 문제와 상담 중인 고객이 해결할 문제, 니즈의 존재 여부를 확인하면서 해결의 가능성을 강조한다. 즉 영업전문가의 제안을 선택하여야 하는 필요성을 강조하는 것이다. 여기에서 고객이 영업전문가의 말에 긍정적인 반응을 보인다면 상담은 영업전문가의 기대대로 진전될 것이다.

(4) 자사의 솔루션 사례를 논리적으로 설득

앞의 (3)단계에서 고객이 동의하거나 긍정적인 신호를 보내면 영업전문가는 구체적인 고객의 니즈를 확인한다. 상품과 지식을 소개하는 구조는 다음과 같다.

① 사실, 특성으로서 SPEC

"위의 결과가 가능했던 이유로는 저희 상품/서비스는 ＿한 특성과 ＿한 기능이 있기 때문입니다."

② 문제해결, 편리함

"그 기능과 특성들이 ＿＿한 문제해결과 편리함을 제공해……."

③ 이익

"따라서 귀사도 원하시는 ＿＿＿목표 달성, ＿＿＿한 문제해결이 가능할 것입니다."

④ 근거, 사례

"추가 사례로는……."

⑤ 확인

"어떠신지요? 이 정도면……?"

⑥ 추가적인 니즈 파악

"다른 궁금하신 점이 없으시면 제가 몇 가지 확인을……" 하면서 고객의 실제적인 니즈 파악에 돌입한다. 니즈 파악을 위한 질문에 대해서는 3장에서 알아볼 것이다.

⑦ 설득시도-솔루션 제안

⑧ 행동요구-의사결정 촉구, 영업단계 제안

영업전문가를 만나는 고객은 자신의 니즈를 알든 모르든 자신이 필요한 상황(자신이 요청해 상담하는)이 아니면 영업전문가의 상담요청에 적극적으로 임하지 않거나 긍정적인 반응을 보이지 않는다. 그 이유는 여러 가지가 있다. 문제는 그러한 고객이 많다는 것이고 이러한 고객과의 상담을 주도적으로 이끌어 가는(영업전문가 중심이 아니 고객 중심의 상담) 영업전문가의 능력을 향상시켜야 하고 기술을 갖추어야 한다는 것이다.

능력 있는 영업전문가가 되고 인정받는 영업의 경력을 쌓기 위해서는 위에서 알아본 설득의 기술을 자신의 것으로 만드는 노력을 하기 바란다. 위의 상담구조가 자연스레 말과 행동으로 나오도록 습관화하는 것은 영업전문가 개개인의 과제이다. 영업전문가로서 언변으로 고객을 구워삶겠다는 생각을 버리고 고객 스스로 구매결정을 하도록 설득하는 말하기 능력을 갖추는 데 집중하라.

❷ 영업준비 – 솔루션(상품지식과 가치)과 기회 발굴

영업전문가는 항상 고객을 방문할 때 고객의 업무와 비즈니스를 도와줄 수 있는 무엇인가를 준비해야 한다. 이 말은 고객이 영업전문가에게 기꺼이 시간을 허락하고 상담에 임하며 영업전문가의 제안을 긍정적으로 검토하고자 하는 마음을 갖도록 하는 가치 있는 무엇인가를 가져가야 함을 의미한다. 이것이 지금부터 알아보는 솔루션(상품과 서비스의 지식, 가치)이다. 상품과 서비스의 지식과 가치를 솔루션이라고 부르는 이유는 영업전문가의 제안내용이 고객이 구매를 통해 해결하고자 하는 문제, 달성하고자 하는 목표, 채우고자 하는 욕구에 대해 최선의 해결안임을 고객이 확신을 갖도록 해야 하기 때문이다. 그리고 고객은 그러한 솔루션을 구매하기 때문이다.

고객이 구매를 하는 것은 영업전문가의 개인적인 매력 때문이 아니다. 고객은 자신의 필요와 욕구를 채우기 위해 구매하는 것이다. 고객의 필요와 욕구는 대부분 조직의 경영목표와 업무와 관련되어 있다. 최종 소비자(B2C 영업)의 경우에는 생활의 불편함 때문에 구매한다. 이 필요와 욕구를 영업전문가의 비즈니스 능력으로는 일정 부분 가능할 수 있지만, 영업전문가의 개인적인 매력으로 채워 줄 수는 없다. 이 필요와 욕구가 시장에서 상품과 서비스들이 거래되는 이유이다. 따라서 어떠한 상품과 서비스든 고객의 필요와 요구를 채워 줄 수 있는 것은 가치를 갖는다. 동일한 필요라고 하더라도 그것을 채워 줄 수 있는 수단은 단 하나의 상품/서비스만 있는 것이 아니다. 고객은 다수의 도구 중 자신의 구매력과 원하는 성과(구매 후 니즈 충족의 수준)에 가장 적합한 상품과 서비스를 구매한다. 여기서 영업전문가는 자신이 제안하는 상품과 서비스의 가치가 고객의 필요와 욕구를 채울 수 있는 최선의 대안(도구, 수단)임을 고객이 믿고 확신을 갖도록 만들어야 한다. 이것이 진정한 영업의 메시지이다.

또 영업전문가가 가장 원하는 것 중 하나가 많은 영업 기회(가망고객 발굴)를 갖는 것이다. 상품과 서비스의 가치가 높을수록, 이 말은 상품과 서비스가 해결해 주는 문제와 채워 줄 수 있는 욕구가 더 많을수록 더 많은 영업 기회(가망고객, 가망시장)가 확보된다. 이 때문에라도 영업전문가는 솔루션인 자신이 다루는 상품과 서비스에 대한 지식을 완벽하게 갖추어야 한다.

여기서는 영업의 설득도구인 솔루션과 그것을 기본으로 더 많은 영업의 기회를 발굴하는 방법에 대해 알아보도록 한다.

1) 솔루션(상품지식과 가치)의 이해

솔루션은 앞에서 강조한 바와 같이 "고객이 가진 구매의 필요성(업무와 관련된 문제해결, 경영 및 업무 목표달성, 불편함 해소 등)을 채워 주고 고객이 원하는 이익을 제공할 수 있는 영업전분가가 속한 조직의 종합적인 역량(상품과 조직 경쟁력)과 가치"이다. 영업전문가의 제안이 구매의 필요성을 채우고 해결하는 데 최선의 선택안이 되어야 고객은 구체적인 구매의사결정 프로세스를 가동한다. 영업전문가는 상품과 서비스의 SPEC을 일방적으로 설명하는 영업에서 벗어나 고객의 니즈를 충족시켜 주는 가치/솔루션 중심의 영업메시지를 전달하여야 한다. 이 말은 고객과 커뮤니케이션을 할 때는 항상 고객이 구매해야 하는 이유와 그 결과로서 고객이 누리는 이익이 모든 메시지의 중심이 되어야 한다는 것이다.

영업전문가들이 가진 영업의 어려움 중 하나가 고객을 설득하기가 너무 힘들다는 것이다. 이 설득과 설득의 방법에 대해서는 앞에서 알아보았다. 영업전문가가 고객을 설득하는 데 사용하는 영업설득의 무기가 바로 솔루션이다. 이 책에서는 제품과 서비스의 지식을 솔루션으로 표현한다. 영업전문가가 고객을 설득하는 데 어려움을 갖는 것은 설득의 무기인 솔루션에 대해 충분한 준비가 되어 있지 않기 때문이다. 그리고 솔루션에 대해서 다음과 같은 오해를 하고 있다.

- 나는 고객을 설득할 충분한 설득의 무기가 없다.
- 고객을 설득하기 위해서는 무언가 다른 것(선물, 접대 등)을 제공하여야 한다. 필요하다면 가격을 깎아 주아야 한다.
- 회사는 고객을 설득할 충분한 솔루션을 제공하지 않는다.
- 니즈와 솔루션은 별개의 것이다. 상품 SPEC의 우수함을 알리는 것이 우선이다.
- 솔루션은 많을수록 좋다.

- 솔루션은 솔루션으로 끝난다.
- 상품/서비스의 SPEC을 잘 설명하는 것이 솔루션이다.
- 내가 자세히 설명하지 않아도 고객이 알아서 이해할 것이다.

영업활동을 효과적이고 효율적으로 수행하기 위해서는 솔루션에 대한 완벽한 지식을 갖추어야 한다. 영업전문가 스스로 제품과 서비스에 대한 확신이 없이 영업활동을 할 수 없기 때문이다.

따라서 솔루션의 가치는 다음과 같다.

고객이 스스로 구매하도록 한다. 따라서 계약의 조건이 좋아진다.
- 고객이 영업전문가를 자신의 비즈니스 파트너로 인식하게 한다.
- 고객이 영업전문가를 만나야 하는 필요성을 인식시켜 준다.
- 자신 있고 당당한 영업활동을 할 수 있다.
- 시장과 가망고객 발굴의 기초이다.

솔루션은 크게 3가지 종류가 있다. 하나는 조직의 솔루션이다. 나머지 둘은 상품/서비스의 솔루션, 영업전문가 개인의 솔루션이다. 영업전문가들이 많이 이야기하는 제품과 서비스의 SPEC(기능, 성능, 장점 등 객관적인 사실)은 솔루션의 한 요소이다. 고객은 이 SPEC을 구매하는 것이 아니라 SPEC이 주는 가치(이익과 혜택)를 구매하는 것이기 때문이다. 이 세 가지 솔루션에 대해 하나씩 알아보기로 한다.

조직의 솔루션은 조직의 경쟁우위를 말한다. 이 경쟁우위는 대부분 경쟁사보다 나은 자사의 고객대응능력과 고객과의 비즈니스 조건이 된다. 고객의 구매비용을 줄여 줄 수 있는 조건들이 비즈니스 조건이다. 즉 경쟁사보다 더 나은 비즈니스 조건이 대부분 조직의 솔루션에 포함된다. 예로 서비스 시스템이 우수하다. 결제조건이 다양하다. 생산능력에 여유가 있다. 배송 등 물류 시스템을 보유하고 있다. 기술특허, 기술혁신 등이 조직 솔루션 중 조직의 SPEC이다. 이 조직의 SPEC은 고객의 구매비용(가격, 결제,배송/납기 유연성 등)을 줄여 준다. 따라서 대부분의 조직이 가진 솔루션은 영업의 설득무기이기보다는 협상의 설득무기가 된다. 따라서 이 조직의 솔루션은 영업협상의 준비에서 다시 강조될 것이다.

영업전문가의 솔루션은 영업전문가가 개인적으로 가진 개인의 SPEC(지식, 경험, 경력, 전문분야 등)이 고객에게 주는 이익과 혜택이다. 이 SPEC은 영업전문가 개인의 경쟁력이 되기도 한다. 이 능력을 강화시키기 위해 학위를 받거나, 자격증은 취득하거나 교육훈련을 받는다. 자사의 비즈니스와 고객의 업무를 도와주고 토론이 가능한 비즈니스 역량을 갖춘 영업전문가는 고객의 환영을 받는다. 전문지식을 쌓거나 자신의 비즈니스와 산업에서 인정받는 자격증을 취득하라. 영업전문가가 만나 상담하는 고객의 업무에 관한 공부를 하도록 하라. 그것만으로도 고객은 영업전문가에 대한 신뢰를 한 단계 올릴 것이다. 개인의 역량이 크면 클수록 더 많은 영업의 기회를 확보할 수 있다. B2B 영업을 하는 영업전문가라면 자사의 상품과 서비스를 사용하는 현업부서의 고객이 인정하는 자격증을 취득하면 좋다. 생산부서가 주요 고객이라면 생산에 관련된 자격증을 취득하라. 식스 시그마 자격증, TPS(도요타 생산 시스템)교육 이수 등을 통해 품질과 원가절감, 생산성에 대한 전문적인 조언을 할 수 있다면 늘 환영받는 영업전문가가 될 것이다. 이러한 능력은 영업전문가로서 인간적인 매력에 비즈니스 역량을 갖춘 전문가로서 고객에게 인정받을 수 있는 가장 좋은 무기이다.

상품과 서비스의 솔루션은 지금부터 알아보는 상품과 서비스의 지식과 가치이다. 일반적으로 말하는 상품/서비스의 지식인 솔루션은 이 상품과 서비스의 SPEC과 가치(문제해결과 이익)의 결합(그리고 사례, 근거자료)을 말한다. 상품과 서비스의 지식을 많은 영업전문가들은 SPEC라고 오해를 하고 있다. 이는 1단계의 상품지식이다. 이 SPEC에 가치(고객이 얻는 이익과 문제해결 그리고 그 근거와 사례 등)가 결합된 것이 솔루션으로 2단계의 상품지식이고 고객이 구매를 하는 이유이다. 이 상품과 서비스가 가진 솔루션은 고객의 다음 의문과 질문에 대한 답이 된다.

- 내가 또는 우리 조직이 얻을 수 있는 이익은 무엇입니까?
- 우리 조직에 도움이 되는 것은 무엇입니까?
- 이 문제(상황)에 대한 귀사의 해결방안은 무엇입니까?
- 왜 내가 당신과 상담을 해야 하는가요?
- 당신은 이떤 목적으로 나를 만나러 왔습니까?
- 우리 문제에 대해 당신은 얼마나 이해를 하고 또 어떤 도움을 줄 수 있습니까?

- 내게 귀중한 시간을 당신과 상담해야 하는 이유는?
- 왜 구매하여야 하는가?
- 어떤 물건인가?
- 왜 우리가 기존의 제품을 대체하여야 하는가?

위의 질문에 대한 답을 제시하고, 고객의 반대와 부정적인 반응을 극복하고 상담에 임하도록 하며 구매를 긍정적으로 검토하도록 하는 무기가 된다.

또 하나 상품/서비스의 솔루션이 가진 중요성은 고객으로 하여금 스스로 구매하도록 하는 것이다. 가끔은 회사의 표준견적서(이익률 100% 보장)대로 구매를 해 가는 고객이 있을 것이다. 이는 그 고객에게 상품과 서비스가 절대적으로 필요하기 때문이다. 영업전문가는 때로는 이런 고객의 구매 필요와 니즈도 모른 채 계약을 받기도 한다. 그리고 상품/서비스의 솔루션은 고객의 구매에 들어가는 비용을 투자로 전환시켜 준다. 이는 매우 중요한 말이다. 고객이 구매에 들어가는 돈을 비용이 아닌 투자로 바꿀 수 있다면 훨씬 유리한 조건으로 비즈니스를 할 수 있기 때문이다. 상품과 서비스를 구매하는 이유는 현업부서의 업무상 문제해결과 목표달성을 위한 자원의 확보이다. 그래서 현업부서에서는 SPEC이 아닌 가치(상품과 서비스가 가진 고객의 문제해결 능력과 이익)를 구매하는 것이다. 이 때문에 현업부서는 구매를 비용이 아니라 투자라고 생각한다. 왜냐하면 그들은 자신들의 문제해결, 불편함 해소를 통해 경영목표 달성에 지원하는 역할을 하기 때문이다. 구매를 비용으로 생각하는 고객은 구매부(책정된 예산을 집행)뿐이다. 그래서 그들은 비용을 줄이는 것이 중요한 업무 목표가 되는 것이다. 이러한 이유 때문에 앞에서 강조하였듯이 영업활동은 대부분 가치/솔루션 중심으로 현업부서를 대상으로 전개되어야 한다. 구매부를 대상으로 하는 영업활동은 대부분 협상이다.

2) 솔루션(상품지식, 가치)의 구조

영업전문가가 알아야 하는 솔루션의 구조는 상품의 SPEC+VALUE(고객의 문제해결, 이익)+EXAMPLE(증거, 사례, 근거 등)이다. 이제까지 알고 있는 상품/서비스의 SPEC에 VALUE와 EXAMPLE이 추가 된다. 이를 그림으로 표현하면 다음과 같다.

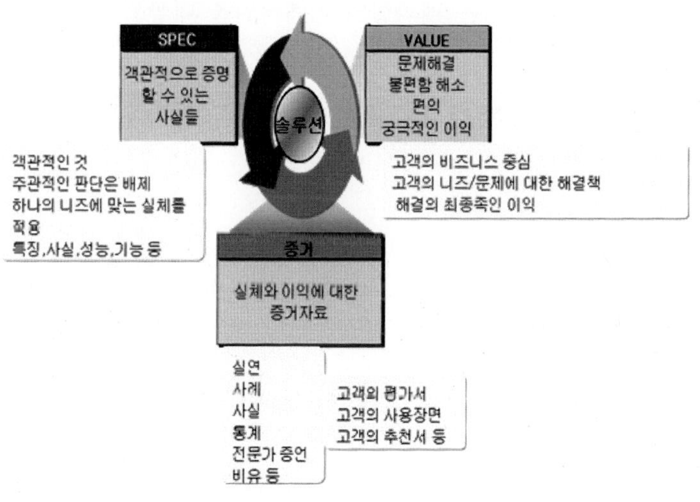

〈그림 2-1〉 상품/서비스 솔루션

이 솔루션을 개발하는 방법은 다음의 구조트리/마인드 맵 지도를 활용하는 것이 좋다. 하나의 SPEC이 여러 개의 업무 문제해결을 할 수도 있고 여러 개의 SPEC이 하나의 업무 문제해결을 할 수도 있다. 아래 그림은 필자의 수업 중 참가자들이 구두라는 상품의 솔루션을 개발한 것이다.

- SPEC: 통풍, 경량화, 항균, 쿠션감, 디자인, 재생원료 등
- VALUE1: 문제해결, 편리함－시원하다, 위생적이다 등
- VALUE2: 이익－영업능력 향상, 고객만족 등
- VALUE3: 궁극적인 이익－직원의 복지향상과 업무 효율성 증대로 구성된다.

이 솔루션의 고객은 백화점의 판매직원을 대상으로 정리한 것이다. 고객이 고속버스 기사 혹은 택시기사라면 그 내용이 조금은 다를 것이다. 중요한 사실은 어떤 고객이든 제품과 서비스의 SPEC은 변하지 않는다는 것이다. 변하는 것은 고객에 따른 문제, 편리함과 이익이다.

이 솔루션을 영업활동에 적용하는 방법에 대해서는 간단한 사례를 통해 구체적으로 알아보도록 한다. 아래의 항목은 노트북의 솔루션들을 무작위로 배열한 것이다. 이 솔루션들을 영업전문가는 논리적으로 구성해 자신이 만나는 고객에게 맞춤식으로 전달하여야 한다. 또한 이러한 솔루션을 중심으로 영업전문가가 오늘

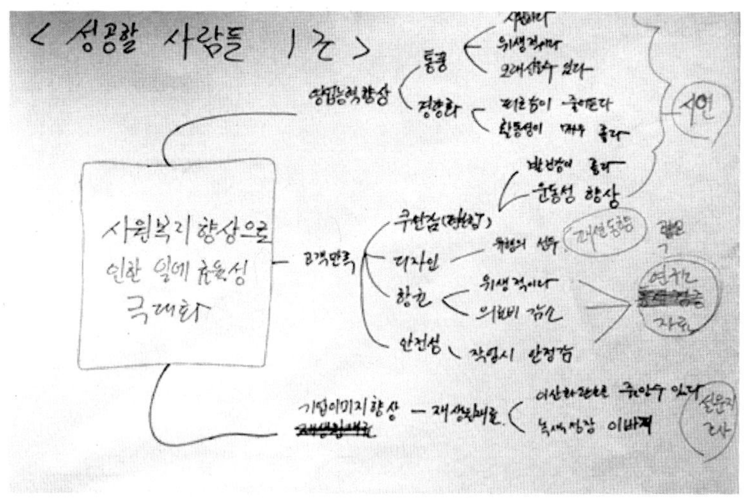

〈그림 2-2〉 상품/서비스 솔루션 사례

방문하는 고객의 현재 상황을 기초로 고객의 구매필요와 니즈를
추론하고 가설을 수립해 그 추론과 가설을 확인하는 상담을 전개
할 수 있다. 그리고 이 솔루션들 중 하나라도 필요한 고객이 가망
고객이 된다. 이는 뒤에서 자세히 알아볼 것이다.

아래의 그림에 나타난 솔루션들을 바탕으로 영업전문가는 기업
의 영업책임자를 만나 고객사의 영업전문가들에게 영업업무용으
로 사용하도록 고객을 설득해 대량 판매할 계획이다.

프린터 내장
베터리 20시간
무선 인터넷
노래방 기능
언제, 어디서든 PT
태양열 충전
상담 주제
비즈니스 정보
즉석에서 출력
영업활동관리
시간절약
GPS내장
휴대용이
AS-대체품 제공
실시간 정보공유-본사와
영업비용 절감
고객요구 신속한 대용-본사
무게1kg
신속한 고객대용
고객위치 찾기
하이패스 기능
카매라, 녹음 가능
언제든 활용
실시간 정보 검색
의사 결정 촉구
영업사원 위치추적
고객신뢰 구축
무상 서비스-2년
영업 활동도 증가
빔 프로젝트 내장
시연
전문가 역량 강화
영업 활동효율 증가
영업 활동성 증가
화면 접이식

〈그림 2-3〉 상품/서비스 솔루션-노트북

위의 솔루션들을 기반으로 영업전문가는 오늘 만나는 영업책임자에게 어떻게 메시지를 전달해 고객의 흥미를 끌고 자신의 제안을 긍정적으로 검토하도록 할 것인가의 답을 준비해야 한다. 자신의 솔루션을 고객화하는 작업-추론과 가설수립-을 하여야 한다. 왜 가설이고 추론인가 하면 아직 고객의 필요인 니즈를 고객의 입으로 말하도록 하지 않았기 때문이다. 그리고 영업전문가의 추론 혹은 가설이 100% 정확하지 않을 수 도 있다. 이 추론과 가설을 확인하는 활동이 영업상담 목적 중 하나이다. 어쨌든 아래의 구조로 고객의 필요와 니즈를 솔루션 중심으로 만들어야 한다. 이 추론을 위해서는 고객(B2B)이 처한 현실과 상황(경쟁사, 산업구조, 경영목표 등)에 대한 정보를 바탕으로 고객이 해결할 문제와 이익을 논리적으로 구성하면 된다.

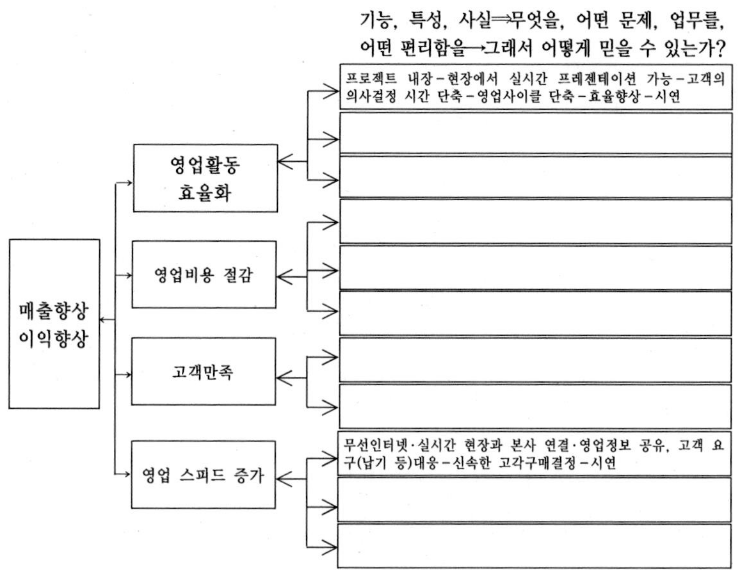

〈그림 2-4〉 상품/서비스 솔루션-노트북-과 가설

위의 가설을 수립할 정도라면 영업전문가가 고객과 상담할 수 있을 만큼 준비가 되었다고 판단할 수 있다. 이 정도로 준비를 한 영업전문가는 고객이 "왜 방문하였는가? 어떤 상품인가? 우리는 됐다" 등등의 반응으로 거부 혹은 거절할 때 고객의 흥미를 유발해 상담에 집중하도록 유도할 수 있다. 이러한 고객에게는 SPEC 설명보다는 "귀사의 영업활동 효율화를 올리는 방법에 대해 좋은 해결책을 준비해 왔다" 혹은 "귀사 영업조직의 성과향상을 원하지 않는가? 그 방법을 알려 드리고자……"라고 납하면서 고객의 반응을 살핀다. 결론적으로 만일 고객이 자신들의 영업사원에게 노트북을 지급하기로 한 이유는 결국 매출향상이 가장 근본적인 이유이기 때문이다.

이러한 가설을 준비하는 작업은 3장의 니즈 개발에서 자세히 알아볼 것이다.

이 솔루션은 영업전문가가 영업현장에 투입되기 전 반드시 기억하고 준비하여야 하는 영업의 뿌리이다. 이러한 준비가 안 된 영업전문가를 현장에 내보내어서는 안 된다. 이유는 과도한 영업비용(동기저하, 고객의 불신, 과도한 재무적인 비용지출 등)이 소요되기 때문이다.

모든 상품과 서비스에 대해 위의 작업을 수행하도록 하라. 창의적이고 창발적인 아이디어가 요구된다. 그리고 기존 고객을 통해 위의 솔루션을 완전하게 완성하도록 하라. 기존고객이 자사와의 비즈니스를 통해 해결한 문제와 어려움, 그 결과로서 얻은 이익을 확인하라. 그에 대한 근거자료와 사례를 요청하라. 이러한 자료를 확보하는 것이 영업전문가가 기존고객을 관리하는 중요한 이유이고 목표 중 하나이다. 기존 고객의 사례가 많을수록 영업전문가의 제안은 논리적이 되고 설득력은 강화된다. 그리고 고객을 만나 공유할 수 있는 비즈니스(고객의 업무와 관련된) 소재들 또한 풍부해지게 된다. 이러한 자료는 대부분 기존 고객의 현업부서에 있다. 따라서 기존 고객을 방문할 때는 반드시 자사의 상품과 서비스를 사용하는 현업부서를 방문하라. 그들과 신뢰를 구축하도록 하라. 그리고 사례, 자료, 추천장 등을 요청하라. 영업활동에 활용할 수 있는 그곳에 많은 정보와 데이터가 있다. 대부분의 추천도 이 현업부서에서 나온다.

상품과 서비스의 가치인 솔루션이 주는 또 하나의 중요한 역할은 영업전문가에게 가망고객의 발굴 기회를 준다는 것이다. 지금부터는 솔루션 중심의 영업기회 및 가망고객을 발굴하는 방법에 대해 알아보도록 한다.

3) 솔루션(상품지식)과 기회발굴

(1) 기회발굴의 의미

기회발굴은 영업전문가에게 상품/서비스의 지식인 솔루션과 더불어 영업활동을 위해 갖추어야 하는 기본 요소이다. 솔루션은 자사가 보유한 종합적인 능력(조직과 상품 및 서비스)으로 고객의 문제를 해결해 줌으로써 고객이 구매를 하도록 하는 가치이다.

아무리 솔루션이 뛰어나더라도 그 솔루션을 필요로 하는 고객과 시장이 없다면 그 솔루션은 시장에서 거래되지 않을 것이다. 이 고객과 시장은 자연스럽게 형성되기도 하지만 영업전문가의 적극적인 노력으로 고객과 시장을 발굴하여야 한다. 특히 오늘날의 성숙시장과 글로벌 경쟁 등의 영업환경에서 지속적인 영업의 기회발굴은 더더욱 중요한 영업전문가의 능력이 된다.

많은 영업의 기회는 영업전문가에게 여유 있는 영업활동과 성과관리(매출과 이익률 보호)에 도움이 된다. 이 영업의 기회는 기존고객에게도 있고 신규고객에게도 있다. 기존고객의 경우에는 추가판매(기존 거래량 확대), 상승판매(동일 제품의 수준 향상 판매), 교차판매(다른 제품의 판매)의 기회를 찾아야 한다. 신규고객의 경우에는 대체판매(경쟁사 고객을 자사의 고객으로), 신규판매의 기회를 찾아야 한다.

- 따라서 영업전문가에게 가망고객은
  - 우리의 제품을 구매하는 사람과 조직
  - 우리의 제품으로 비즈니스를 하는 사람과 조직
  - 우리의 제품으로 해결하고자 하는 문제 또는 채우고 싶은 욕구가 있는 사람 또는 조직
  - 영업의 기회를 창출해 주고 지원해 주는 비즈니스 파트너들이다.
- 가망고객을 발굴해야 하는 이유로는
  - 경쟁 심화와 확대-글로벌 경쟁
  - 경쟁사의 기존 고객 공격→고객의 이탈, 경쟁사 고객의 자사로 전환→더 많은 영업기회 확보
  - 기술의 평준화→제품 차별화의 한계, 품질수준의 동일화→고객의 선택 폭이 넓어짐, 다양한 고객이 존재
  - 정보 파악과 접근의 용이성으로 고객의 선택 폭이 넓어짐
  - 마케팅적 Positioning의 한계 특히 B2B 영업의 경우에는 더욱 심각
  - 지속적 목표달성과 조직의 성장

- 우수 고객 유지 및 이탈고객 방지 실패
- 고객 평생가치(LTV)의 극대화로 개별 고객의 가치 강화
- 고객의 지갑 점유율 강화
- 고객지향의 비즈니스 강화로 이윤창출
- 많은 가망고객은 영업전문가에게 협상의 레버리지를 유리하게 만들 수 있어 영업이익률 을 올릴 수 있다.

따라서 경쟁 상황을 극복하고 영업목표달성을 위해서 지속적으로 가망고객을 발굴하여야 한다.

영업전문가에게 필수적으로 요구되는 기회발굴-가망고객 발굴-의 방법에 대해 알아보도록 한다.

(2) 기회발굴 방법 1-가치 중심의 기회발굴

가치 중심의 기회발굴은 솔루션을 중심으로 한 가망고객을 발굴하는 방법이다. 앞에서 강조하였듯이 상품과 서비스가 시장에서 거래가 되는 이유는 그 상품과 서비스가 가진 가치(문제해결, 불편함 해소 그리고 궁극적인 이익 등)가 고객의 필요를 채워 준나는 확신을 인정받기 때문이다. 이것이 의미하는 것은 자사의 상품과 서비스가 가진 솔루션의 내용(문제, 불편함, 달성하고자 하는 목표 등의 니즈)을 필요로 하는 개인과 조직이 가망고객이라는 것이다.

고객은 상품과 서비스를 구매할 때 자신의 현재 곤란함과 문제해결의 확신 그리고 그 결과로서 누리고 싶은 이익이 중요하다.

고객이 구매를 하는 이유는 제품과 서비스가 가진 SPEC 모두를 원하기 때문이 아니다. 즉 고객은 상품과 서비스가 가진 모든 SPEC과 Value 중 자신의 필요를 채워 줄 수 있는 몇몇 SPEC과 Value 때문에 구매를 한다. 하지만 영업전문가는 모든 SPEC과 value를 알아야 한다. 고객마다 요구하는 것이 다르고, 때로는 고객이 잘 몰라서 구매하지 않을 수도 있기 때문이다.

이 방법으로 가망고객을 발굴하는 요령은 다음 표를 활용하면 된다.

〈표 2-2〉 가치 중심의 가망고객 발굴

SPEC	VALUE 문제해결, 편리함	VALUE 중 고객이 얻는 이익	문제를 가졌거나 이익을 원하는 개인, 조직

이 방법을 활용하기 위해서는 우선 상품과 서비스의 솔루션을 먼저 파악하여야 한다. 다음으로 솔루션이 해결해 주는 문제와 불편함을 가진 개인 또는 조직, 솔루션의 이익을 원하는 개인과 조직을 모두 리스트에 기록한다.

다음으로는 각 리스트의 고객을 대상으로 영업의 가능성을 파악해 우선 접촉하고 공략할 타깃 고객을 선정하는 작업이 필요하다. 이 방법은 뒤에서 종합적으로 설명한다.

(3) 기회발굴 방법 2 - 정보, 가설 중심의 기회발굴

여기서 소개하는 방법은 시장과 고객의 트렌드를 중심으로 영업의 기회를 발견하는 것이다. 개인이든 기업이든 고객들은 미래지향적인 소비를 하고 그러한 시장과 고객에 맞는 제품과 서비스를 개발해 공급하려 한다.

유비쿼터스 아파트 및 주거환경, 유비쿼터스 교육, 그린경영, 저탄소경영, 제조물 책임법 등의 흐름과 변화는 개인과 조직에게 항상 새로운 솔루션을 요구한다. 조직의 경우 새로운 비즈니스의 기회를 주거나 경쟁력 강화의 필요성을 야기하기도 한다. 영업전문가는 이러한 정보를 잘 활용하면 더 많은 영업의 기회를 확보할 수 있을 것이다.

다음의 트렌드는 한국의 미래 흐름이다.

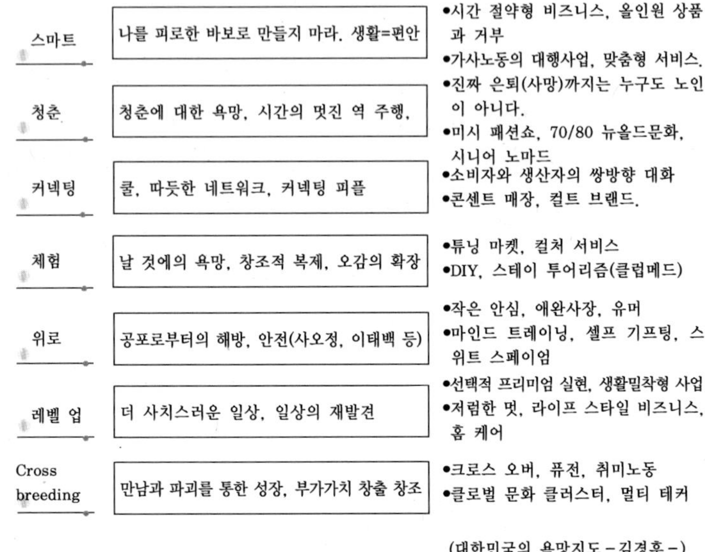

(대한민국의 욕망지도 - 김경훈 -)

〈그림 2-5〉 시장, 고객의 트렌드

이러한 정보를 기준으로 영업전문가는 자사의 상품과 서비스가 어떤 고객(개인, 조직)에게 어떠한 해결책 혹은 편리함을 제공하는지, 그들의 목표달성에 어떤 기여를 할 수 있는지를 분석해 영업의 기회로 활용할 수 있을 것이다. 다음의 순서로 영업의 기회를 발굴하기 바란다.

① 정보

② 가설수립

　● 가설:

　　● 예상고객

- 고객의 예상 문제 또는 니즈
  - 예상고객 1:
  - 예상고객 2:
  - 예상고객 3:

- 영업기회
  - 자사의 제품 또는 솔루션
  - 예상이익(고객이 얻는 이익)-고객별로
  - 가망고객
  - 그들의 니즈, 문제(구체적 추론)

(4) 기회발굴 방법 3-고객의 전략에 따른 기회발굴

이 방법에 의한 영업의 기회발굴은 영업전문가에게 비즈니스 전문가로서의 지식을 요구한다. 개인 고객은 삶의 질을 높이는 것이 궁극적인 목적이다. 그러기 위해서는 지식을 쌓아야 하고, 승진도 하여야 한다. 왜냐하면 개인의 경쟁력이 강화되어야 삶의 질을 올리는 데 필요한 수단인 수입을 올릴 수 있기 때문이다. 따라서 수입이 부족한 사람은 개인의 경쟁력을 올릴 수 있는 많은 상품과 서비스를 구매한다. 수입이 충분한 고객은 자신이 원하는 삶의 질을 올리기 위해 추가구매, 확대구매, 교차구매, 대체구매를 한다.

B2B 영업의 고객 또한 조직의 지속적인 성장과 발전을 목표로 한다. 최소한 자신이 속한 산업과 시장에서 살아남기를 바란다.

이러한 목표달성을 위해서는 다양한 전략이 요구되는데 이 전략의 수행을 위해 자원이 필요하고 그 자원의 확보를 위해 구매를 한다.

기업고객의 전략들은 다음과 같다.

- 경영전략
    - 확대
    - 유지
    - 수확
    - 철수
- 경쟁전략
    - 원가
    - 차별화
    - 집중화
- 시장에서의 위치
    - 시장 선도자
    - 추종자
    - 도전자
    - 틈새시장 추구자

이 전략을 실행하기 위해서는 아래와 같은 전술과 해결할 문제, 채워야 하는 필요들이 있다. 이 문제와 필요가 영업이 기회가 된다.

경쟁
전략

▶원가우위 전략 {
● 거래비용의 차별화, 부가가치제공
● 경험곡선의 강화-비용 절감
}

▶차별화 전략 {
● 자사 역량 강화
● 마케팅, 개발 과정에의 참여→Order/프로젝트 영업전략
● 자사 역량 중심
}

▶집중화 전략 {
● 마케팅, 개발 과정에의 참여→Order/프로젝트 영업전략
● 자사역량 중심
}

경쟁
전략

▶확대전략; 시장 점유율 향상, 물음표→법
　　　　　　추가자원구매, 신규자원 필요, 원가, 품질 문제 해결 등

▶유지전략; 시장 점유율 유지, 현금 흐트 창출-자금젖소
　　　　　　원가문제-구매조건 완화, 고객만 족-품질, 생산성 등의 문제

▶수확전략; 현금흐름 증가, 자금젖소나 문제아→투자 하지않고 이익 회수만
　　　　　　이탈방지, 수정 재 구매가능

▶철수전략; 경쟁력 없는 문제아 또는 시장 점유율 유지가 무의미한 개

시장
위치

▶시장 선도자 {
● 광고탑 고객-자사의 시장 개발을 위한 첨병
● 관계유지전략
}

▶시장 추종자 {
● 표준화 고객-거래비용 절감, 이탈비용 강화전략
}

▶시장 도전자 {
● 맞춤고객-고 수익이가능
● Order/공통 프로젝트 영업전략
}

▶틈새시장 추구자 {
● 상품, 기술의 차별적 영업전략
● 프로젝트 영업전략
}

〈그림 2-6〉 고객의 전략과 영업의 기회

위의 고객이 가진 전략들은 매우 중요한 영업의 기회이다. 영업 전문가는 늘 고객을 방문할 때 이것에 대한 정보를 파악하여야 한 다. 대부분의 고객은 경영목표와 경영방침의 이름으로 매년 경영 전략을 발표하고 모든 부서와 조직구성원들에게 업무목표를 부과 한다. 여기서 새로운 영업의 기회가 발생한다.

B2B 고객의 새로운 전략과 경영목표는 고객이 속한 산업의 구 조와 거시환경의 흐름과 변화가 원인이다. 기존 경쟁사의 움직임 과 경쟁력, 새로운 진입기업의 존재와 경쟁력, 대체재의 존재 여

부, 고객의 구매력, 기존 공급자의 협상력 등이 조직에게 늘 새로운 목표와 전략을 수립하게 한다. 거시환경의 변화가 조직에게 새로운 기회 또는 위협의 요소로 작용하기도 한다. 따라서 영업전문가는 B2B 고객을 대상으로 영업활동을 할 때는 늘 5가지 정보(고객의 고객 움직임, 고객의 경쟁사 동향, 고객의 기존 공급업자-영업전문가의 경쟁사-의 협상력, 신규 진입자의 존재)와 고객에게 영향을 미치는 거시환경(법, 정책, 문화, 사회적 흐름 등)의 변화를 분석해 영업의 기회를 확보할 수 있어야 한다. 그리고 고객이 구매해야 하는 이유와 필요성을 이 정보들을 중심으로 고객을 움직이고 설득할 수 있어야 한다.

기타 영업의 기회를 발굴하는 방법으로는
- 추천받기
- 연고 개척
- 전화번호부, 명부 개척
- DM, 이메일 개척
- 네트워크, 인맥 개척
- Event를 통한 가망고객 발굴
    - 시연회
    - 전시회
    - 발표회
    - 판촉활동-소비재, 채널 영업의 경우

－캠페인

등의 방법이 있다.

　모든 영업의 기회발굴에는 상품과 서비스의 솔루션이 중심이다. 영업전문가는 자신이 접하는 모든 정보를 상품과 서비스의 솔루션으로 판단하고 평가하여 영업의 기회를 확보하여야 한다. 고객으로 하여금 상품과 서비스의 가치를 경험하도록 하거나 인식하도록 하는 다양한 방법들을 활용해 고객의 니즈를 자극하는 영업의 방법도 적극 활용하여야 한다.

(5) 가망고객의 수준평가와 타깃 고객 선정

　이제는 위의 다양한 방법으로 발굴한 가망고객의 영업가능성을 평가해 공략할 대상(타깃 고객)을 선정하여야 한다. 이를 타깃 고객이라고 한다. 타깃 고객은 공략의 우선순위에 있는 고객으로 영업전문가의 영업목표 달성에 직접 관계가 있다. 가망고객 중 타깃 고객을 선별하기 위해서는 몇 가지 기준으로 평가하여야 한다. 그것이 아래의 표이다

〈표 2-3〉 가망고객의 영업가능성 파악

가망고객 기준							
1. 장래가치 －성장성							
2. 비즈니스 －지속성							

3. 비즈니스 -안전성							
4. 니즈 긴급성							
5. 고객 시장의 성장성							
6. 경쟁 정도							
7. 경쟁사에 대한 이미지							
8. 경쟁사에 대한 자사의 대응력							
9. 고객의 변화 태도, 욕구							
10. 자사 상품의 대체가능성							
11. 예상 구매빈도/양							
점수							

가로 줄에는 리스트에 올린 가망고객의 이름을 적는다. 그리고 각 가망고객에 대해 평가기준의 점수를 10점을 기준으로 배점을 한다.

단, 다음 4개 항목은 주의해서 평가하기 바란다.

- 6번 경쟁 정도: 시장의 경쟁수준, 경쟁사의 경쟁력 등→높으면 10점
- 7번 경쟁사의 이미지: 고객이 가진 자사의 경쟁사 선호도→좋으면 10점
- 9번 고객의 변화성향이 강하면 쉽게 구매처를 바꿈→강하면 10점
- 10번 대체 가능성: 자사 제품의 대체품 존재 유무→가능성이 높으면 10점

● 결과

－A: 1＋2＋3＋4＋5＋8＋11＝(   )점

－B: 6＋7＋9＋10   ＝(   )점

－종합: A－B＝＝＝＝＝＝＝＝(   )점

　가장 높은 점수를 받은 가망고객을 1차 공략 대상인 타깃 고객으로 선정한다. 이러한 방법으로 영업전문가가 영업활동을 전개할 구체적인 대상을 선정하면 된다. 영업전문가는 계약의 가능성을 분석해 자신의 영업활동의 수준과 방법을 계획하여야 한다. 영업전문가는 자신의 활동이 곧 조직의 비용과 관련된다는 사실을 잊어서는 안 될 것이다. 이제는 이렇게 선정한 타깃 고객에게 접근해 구체적인 영업활동을 전개하여야 한다. 이를 위한 커뮤니케이션 방법들에 대해 하나씩 알아보기로 한다.

③ 영업상담 준비 － 아젠더, 초기접근

　공략을 할 타깃 고객을 선성하였나. 기존고객이든 신규고객이든 영업전문가는 새로운 영업의 기회를 자신의 영업목표달성에 기여하도록 하여야 한다. 이를 위해서는 영업활동을 전개할 큰 틀을 짜야 하고 고객과의 초기접촉을 통해 영업상담의 기회를 잡아야 한다. 지금부터는 그 방법에 대해서 알아본다.

1) 영업상담의 준비 - 아젠더

상담 준비의 출발은 아젠더를 작성하는 것에서 시작된다. 상담 아젠더는 영업전문가가 상담을 위해 고객을 방문하기 전 고객의 상황과 정보를 파악한 후 고객의 니즈와 필요를 추론하고, 준비할 자료를 정리하며, 상담의 목적을 설정하고, 그 달성을 위해 어떻게 상담을 전개할 것인지에 대한 전체적인 청사진을 의미한다.

상담 아젠더를 작성해야 하는 이유는 고객의 대한 분석의 수준을 점검하고, 영업성과의 가능성을 강화하기 위해서이다. 즉 고객의 니즈를 추론하고 상담의 목적달성을 위한 전술(구체적인 영업활동) 개발을 위해 필요하다. 이 상담 아젠더에 포함되어야 하는 내용으로는

- 누구를 방문할 것인가?
- 방문의 목적은 무엇인가?
- 고객의 어떤 문제와 니즈를 세일즈 기회로 인식할 것인가?
- 무엇을 파악할 것인가?
- 어떤 질문을 던질 것인가?
- 무엇을 확인할 것인가?
- 어떤 공통점이나 접촉이 유용한가?
- 오늘 어떤 약속(상담의 목적)을 받아 낼 것인가?
- 처음에 무엇을 말할 것인가?

등을 정리하는 것이다.

상담을 마친 후 영업상담의 성과를 피드백하기 위해서도 상담 아젠더는 중요하다.

또 하나 상담 아젠더의 활용은 고객과 상담약속을 정한 후 고객에게 발송하는 고객공유용 아젠더가 있다. 고객은 이 공유 아젠더를 통해 영업전문가와의 상담에서 자신이 해결할 수 있는 문제와 얻을 수 있는 이익을 파악하며 효과적인 상담을 위해 상담을 준비할 수 있기 때문이다. 고객이 영업전문가의 공유 아젠더에 따른 상담을 준비한다면 더욱 효과적인 상담이 될 것이다. 다음의 표를 근거로 두 가지 아젠더를 적극 활용하기 바란다. <표 2-4>는 영업전문가가 영업상담을 위해 준비하는 상담 아젠더이다. 고객 상황과 미팅 주제는 고객 중심으로 정리하고 어떻게 상담을 이끌어 갈 것인지 상담 프로세스를 정하여야 한다.

<표 2-5>는 고객에게 발송하는 공유 아젠더로 영업전문가에 대한 기본적인 사항을 소개하도록 한 것이다. 고객이 필요할 때 연락을 취할 수 있도록… 그리고 고객이 얻는 이익과 고객이 준비할 사항을 명확하게 요청해 상담을 고객이 준비하도록 하면 상담의 효과가 올라갈 것이다.

〈표 2-4〉 영업준비용 아젠더

거래처	회사명:	담당자:	연락처:
방문약속	일시:	장소:	
고객의 상황			
미팅주제			
준비사항			
미팅 진행 내용			
목적			
기타			

〈표 2-5〉 고객공유 아젠더

소개-영업전문가	회사명:	이름:	연락처:
방문약속	일시:	장소:	
미팅주제			
미팅 진행 내용			
요청사항			
기타			

2) 초기접근

초기접근은 영업전문가가 고객과 처음 접촉을 해 커뮤니케이션을 전개하는 순간을 말한다. 초기접근을 통해 상담의 기회를 확보하는 것이 목적이다. 이를 위해서는 고객이 영업전문가와의 커뮤니케이션이 자신의 업무에 도움이 된다는 확신을 갖도록 하여야 한다. 그리고 고객이 가진 영업전문가가 제안하는 영업활동의 단계(상담을 위한 방문, 제안서 제출 등)에 대한 저항과 거절을 극복하는 것이 목적이다. 이 초기접근의 수준이 이후 영업활동 전개에도 큰 영향을 미친다.

초기접근에서는 전화와 이메일을 통한 커뮤니케이션이 가장 흔히 사용하는 방법이다. 팩스를 사용하기도 하고 음성메일이나, 우편물 등을 초기접근에서 도구로 활용한다. 여기서는 전화로 상담약속을 잡는 커뮤니케이션 구조와 이메일의 구조에 대해 알아보도록 한다.

(1) Cold Call

영업전문가가 타깃 고객에게 영업활동 전개를 위한 상담약속을 잡거나 검토를 요하는 자료를 보내기 위해 우선적으로 할 활동은 담당자를 파악하는 것이다. 이 목적달성을 위해 처음으로 전화로 고객과 커뮤니케이션하는 것을 Cold Call이라고 한다. 영업전문가가 넘어야 하는 첫 관문이자 도전이며 장애물이다. 이 활동에서 목적(상담 약속잡기, 담당자 파악 등)달성에 실패한다면 그 다음의 영업활동은 난황을 겪을 것이다. 그리고 효과적인 Cold Call은 영업의 기회를 더 많이 확보하게 해 준다. 이 활동을 Cold Call이라고 부르는 이유는 잘 알 것이다. 얼마나 부담이 되는 순간이고 고객이 냉냉하게 나오는가!

Cold Call 상황은 담당지를 파아하는 것에서 약속잡기, 약속 확인, 정보/가설에 의한 전화 걸기, 추천을 받은 고객에게 전화 걸기, 기존고객에게 추가 영업기획 확보를 위한 전화 걸기 등이 있다. 각각에 대한 Cold Call의 구조를 알아본다. 각 구조를 기초로 하여 영업전문가는 자사에 맞는 시나리오를 만들어 연습하도록 하라.

물론 이 Cold Call의 성공을 위한 가장 기본적인 자료와 내용 또한 솔루션이다.

① 담당자 파악

영업상담의 파트너인 실무자를 파악하기 위해 전화를 거는 요령이다. 이 실무자는 대부분 현장에서 직접 상품과 서비스를 사용하는 사용부서의 실무자가 될 것이다. 물론 구매담당자를 파악하기 위해서 활용할 수도 있다. 이때는 아래의 구조 중 이익 부분을 구매비용 절감 혹은 구매업무의 효과적 수행으로 바꿔서 강조하면 될 것이다. 다음의 구조로 전화를 걸도록 하라.

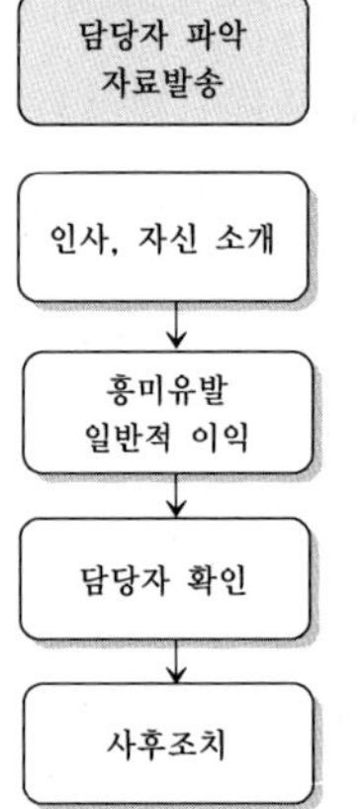

▶ 반갑습니다. 저는 영상무대에 근무하는 김철수입니다. 저회 영상무대에서 이번에 공연장 임대기업의 매출을 향상시킬 수 있는 시스템 무대를 개발하였습니다.

▶ 귀사의 공연장 임대율 향상과 다양한 공연유치가 가능하도록 지원하고 있습니다.

▶ 제가 그 시스템에 대한 자료를 보내드리려고 하는데 구매업무를 담당하시는 분을 봐꿔주시겠습니까?
  "어느 분께 보내드릴까요?"
  "자료가 잘 전달 되기 위해서 정확한 주소와 성함을 알려주십시오"

▶ 자료는 이메일(우편)로 보내드리겠습니다.

▶ 담당자 통화: 보내드린 자료에 대해 궁금하신 점이 화회를 드리겠습니다.

▶ 비서/다른 직원: 제가 나중에 확인 차 전화들 드릴 때 번거로움을 해소하기 위해 …, 를 부탁……

〈그림 2-7〉 Cold Call-담당자 파악

② 약속 잡기

담당자에게 자료를 보낸 후 상담약속을 잡기 위한 Cold Call 구조이다. 이때 제시하는 사례는 좀 더 실제적으로 구체적인 것을 사용하는 것이 좋다, 영업전문가는 자신이 활용하는 사례들을 가급적 숫자로 전환해 메시지를 던지면 효과가 더 올라갈 것이다.

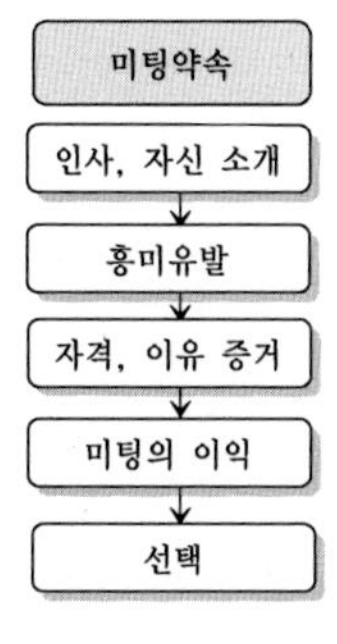

〈그림 2-8〉 Cold Call-상담 약속 잡기

여기서 영업전문가가 알아야 할 중요한 노하우는 상담의 시간을 정할 때 고객이 시간을 결정하게 하지 말고 시간을 선택하도록 하는 것이 훨씬 약속을 잡을 성공률이 높다는 것이다. 근거는 심리적 분석의 결과로 사람들은 결정을 하기보다는 선택을 선호한다. 2~3개 정도의 선택안을 먼저 제시하면 대부분 제시된 선택안 중 하나를 고른다는 것이다. 그리고 선택을 하도록 하기 위해서는 고객이 상담의 이익을 명확하게 인식하여야 한다. 고객을 위한,

고객에게 도움이 되는 상담이라는 것을 고객이 알도록 하는 것이 중요하다. 그리고 이 Cold Call의 목적은 상담약속을 잡는 것이다. 너무 장황한 이야기로 고객을 설득(구매하도록 혹은 판매하도록 하는)하려 하지 마라. 고객이 영업전문가의 상담 요청을 허락하도록 하는 것이 목적임을 명심하라.

③ 전화 마무리

상담약속을 잡은 후 곧바로 전화를 끊는 것보다 다시 상담의 가치를 인식시키고 필요하다면 앞에서 설명한 고객과의 공유 아젠더를 발송할 수 있는 기회를 잡는 것이 중요하다. 몇 가지 사전 자료를 보내기 위해 이메일을 확인하라. 이때 보낼 자료로는 공유 아젠더와 고객이 얻을 수 있는 상담의 이익 중 구체적인 사례를 보내도록 하라. 상품 설명 중심의 제안서는 절대 보내지 마라. 공유 아젠더와 사례를 보내는 것은 고객이 상담을 기억하고 준비하도록 하는 좋은 방법이다.

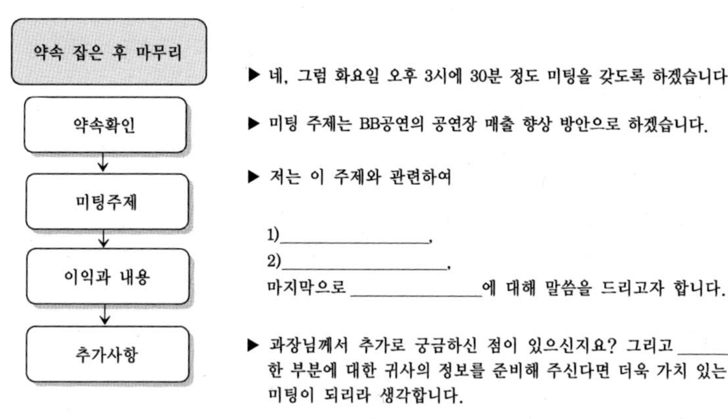

〈그림 2-9〉 Cold Call 마무리

④ 정보, 가설에 의한 Cold Call

영업전문가는 다양한 자료와 기회에서 가망고객을 발굴한다. 뉴스를 통해서도 가능하고, 전문잡지를 통해서도 가능하며, 사회 네트워크와 모임을 통해서도 가능하다. 이 정보를 통해 고객의 니즈를 추론하고 가설 수립을 한 후 고객에게 상담을 신청하는 Cold Call을 한다. 아래의 구조를 적극 활용하라.

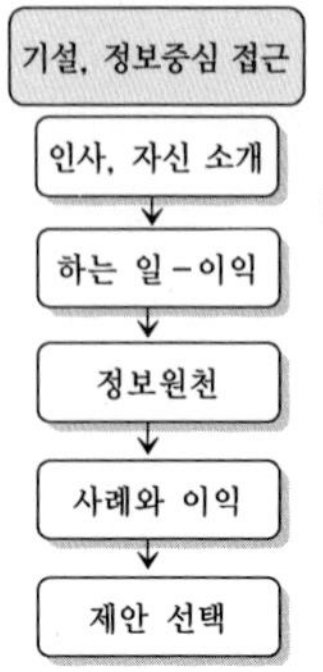

▶ 반갑습니다. 저는 영상무대에 근무하는 김철수입니다. 저희는 공연장 임대기업의 성과향상 시스템을 기업에 제공하고 있습니다.

▶ BB기업이 매출향상을 위해 새로운 시스템을 찾고 있다는 정보를 ○○○를 통해 알게 되있습니다. 시스템적인 공연장율 뿐 아니라 다양한 공연의 유치, 공간의 활용에 도움이 될 것입니다.

▶ 저희와 6개월 전부터 거래를 하는 DD기업도 저희 시스템을 활용하여 공연장 임대율을 10% 향상시키고 있습니다. 따라서 BB기업의 매출향상에 적절한 시스템이라 확신을 갖고 있으며 좀 더 자세한 정보와 자료 그리고 얻을 수 있으신 이익을 알려드리고자 전화를 드렸습니다.

▶ 저는 화요일 오후 2시 또는 수요일 오전 11시가 좋은데 이기세 과장님께서는 언제가 편하십니까?

▶ 네, 그러면 화요일 오후 2시에 뵙도록 하겠습니다.

〈그림 2 - 10〉 Cold Call – 정보, 가설 중심

⑤ 추천을 받은 후 Cold Call

영업활동을 하면서 기존 고객으로부터 받는 추천인은 매우 가치 있는 타깃고객이 된다. 물론 추천을 받았다고 그 고객이 구매를 한다는 보장은 없지만 추천자의 영향력에 의해 좋은 영업의 기회가 되는 것은 사실이다. 추천받은 고객에게는 다음의 구조로 접근하라. 기억할 것은 추천자가 누구인지? 왜 추천을 하였는지에 대해 구체적인 사실을 밝혀야 한다.

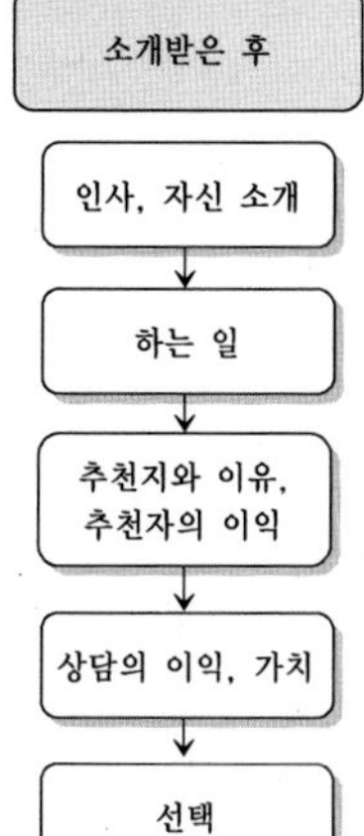

▶ 반갑습니다. 저는 영상무대에 근무하는 김철수입니다. 저희는 공연장 임대기업의 성과향상 시스템을 기업에 제공하고 있습니다.

▶ 저희는 DD기업의 최대기 과장님과 6개월 전에 중요한 파트너가 되었습니다.

▶ 최대기 과장님께서는 자사의 공연장에 저희 시스템을 적용하고 난 뒤 임대율 성과가 10% 향상되었다고 말씀을 하시면서, 이기세 과장님을 소개해 주셨습니다.

▶ 저와의 미팅을 통해 이기세 과장님 회사도 그러한 성과를 올릴 수 있는 유익한 정보를 알게 되실 것입니다.

▶ 저는 화요일 오후 2시 또는 수요일 오전 11시가 좋은데 이기세과장님께서는 언제가 편하십니까?

▶ 네, 그러면 화요일 오후 2시에 뵙도록 하겠습니다.

〈그림 2-11〉 Cold Call-추천받은 고객

기존고객으로부터 추천받을 때는 항상 추천의 이유를 묻도록 하라. 그 가망고객에게 전화를 걸 때 추천자를 언급해도 좋은지 물어라. 추천한 고객에게 보여 줄 수 있는 사례(사진, 성과표, 추천서 등)도 요청하라. 가능하다면 그 자리에서 영업전문가를 소개하는 전화를 한 통 하도록 부탁하라. 추천받은 고객의 질(영업가능성)을 높이기 위해서 필요한 조치이다.

⑥ 기존고객에게 추가판매를 위한 Cold Call

영업전문가들은 기존고객과의 관계를 잘 맺고 유지해야 한다. 특히 새로운 솔루션을 제안하기 위해서는 정중하고 비즈니스적인 방법으로 접근하여야 한다. 기존고객이라고 하더라도 갑자기 새로운 제안을 해 고객을 당황하게 만들어서는 안 된다. 기존고객에게 새로운 제안을 하기 위해 상담약속을 미리 잡고 고객이 준비할 수 있는 시간을 주도록 하라. 아래의 구조를 활용하도록 하라.

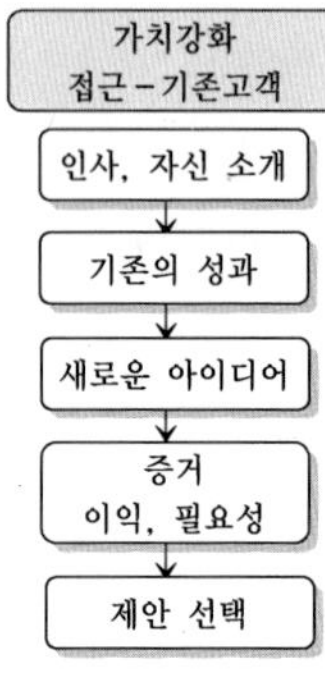

〈그림 2-12〉 Cold Call-기존 고객

위에서 알아본 Cold Call의 대상은 현업 사용부서와 실무자이다. 따라서 그들의 업무를 지원하고 도와주는 솔루션을 시나리오의 원천을 삼았다. 현실에서는 대부분의 영업실무자가 만나려고 하는 고객은 구매부의 실무자이다.

구매부의 구매 실무자에게 Cold Call을 할 때는 조금은 내용이 달라야 한다. 우선 영업전문가가 제안하는 솔루션이 제공하는 사용부서와 사용부서가 얻는 이익(니즈충족, 문제해결 등)을 언급한다. 다음으로 제안하는 솔루션(상품/서비스)에 대한 구매계획에 있는지 알아본다. 그 다음으로는 구매시기와 구매프로세스를 확인한다. 마지막으로 구매부의 최고관심사인 구매비용에 대해 협상할 수 있는 여지를 남기면서 상담약속을 잡는다.

다음 시트에 자사에 맞는 Cold Call 시나리오를 만들도록 하라. 여러 번의 시도를 통해 가장 효과적인 시나리오를 영업의 툴로 개발하도록 하라.

〈표 2-6〉 Cold Call 시나리오

상황	구조
담당자 파악	인사; 흥미유발(일반적 이익); 담당자 확인; 사후조치
약속잡기	인사, 소개; 흥미유발; 자격, 이유, 증거; 미팅의 이익; 선택;
약속 마무리	약속확인; 미팅 주제; 이익과 내용; 추가사항;
추천고객	인사, 소개; 하는 일; 추천자와 이익; 상담의 이익, 가치; 선택;
정보,가설 중심	인사, 소개; 하는 일; 정보의 원천; 사례, 이익; 제안, 선택;
기존 고객	인사; 기존의 성과; 새로운 아이디어; 증거, 이익, 필요성; 제안, 선택

(2) E-Mail

이메일은 오늘날과 미래에 있어 중요한 고객과의 커뮤니케이션 수단이다. 따라서 영업전문가는 이메일을 통한 고객과의 효과적인 커뮤니케이션에 능통해야 한다. 하지만 많은 이메일의 내용을 보면 대부분 영업전문가 중심의 메시지이다.

통상적인 메시지는 "전화 통화를 한 ＿＿에 ○○○입니다. 자료를 첨부하오니 검토를 바랍니다. 혹은 요청하신 자료를 보내드립니다. 저희 상품에 대한 제안서를 보내드립니다" 등이다. 그리고 첨부된 파일은 고객 맞춤 제안서라기보다는 많은 정보더미인 제품설명서이다. 이메일을 중요한 영업 커뮤니케이션의 수단으로 사용하고자 한다면 아래의 구조를 활용하도록 하라.

〈표 2-7〉 E-Mail 구조

소속	저는 ○○○기업의 영업전문가 ＿＿＿＿＿입니다.
하는 일: 문제해결, 가치 중심	저희는 기업의 원가절감과 생산성 향상을 도와드리고…… 저희는 직원들의 업무생산성을 도와드리고……
사례: 구체적 이익과 해결한 문제, 연락처 등	최근 ○○○기업이 저희와 비즈니스를 통해 원가를 10% 절감…… 이유는 저희는 ＿＿＿한 현장의 문제를 ＿＿＿해결해 드리기 때문에…… ○○○기업의 생산부에 확인이 필요하지만 다음 연락처로……. 검토에 도움을 주고자 몇 가지 사례를 첨부…….
상담을 통해 얻는 이익	저희와의 비즈니스를 통해 귀사도 ＿＿＿＿문제해결로 ＿＿＿＿한 이익을/업무목표를 달성하는데……

비즈니스 방법 – 영업단계	저희는 고객에 맞는 제안서를 제공하는 것이…… 따라서 귀사의 현장 상황을 파악하고자 1차 방문을……. 그 후 제안서를 제공해 드리고 필요하다면 샘플, 시연, 프레젠테이션, 전문가 미팅 등의 과정을 거쳐…….
요구하는 행동	첨부한 자료에는 +++한 내용이…… 검토를 부탁드리고 다음주 ____요일에 방문하고자……. 약속을 확인…….

영업 커뮤니케이션의 실제 2－상담 프로세스

영업전문가가 고객을 만나 상담할 때 반드시 기억하고 활용해야 하는 것은, 상담은 영업전문가가 주도적으로 이끌어 가되 상담 중 말은 고객이 많이 하도록 하여야 한다. 특히 고객과 첫 미팅을 할 때는 더욱 이 사실을 잊어서는 안 된다. 이를 위해서는 상담 전체를 이끌어 갈 수 있는 지도가 필요하다. 이 지도를 상담 프로세스라 한다.

Chapter 3에서는 영업전문가가 상담을 이끌어 가는 프로세스와 각 프로세스를 수행하는 기법과 지식에 대해 알아보도록 한다. 다음의 그림이 영업상담의 기본 프로세스이다.

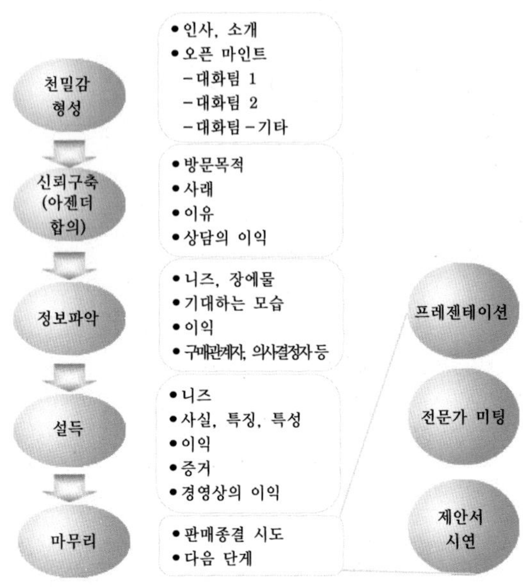

〈그림 3-1〉 영업상담 프로세스

위 그림에서 프레젠테이션, 전문가 미팅, 제안서/시연의 내용은 영업의 단계를 말한다. 이 단계들의 수행능력은 다음 장에서 알아본다.

나머지 친밀감 형성~마무리의 단계가 상담 프로세스이다. 이 상담 프로세스는 고객과 처음 만났을 때 모두 수행해야 한다. 이유는 이 상담과정을 가급적 1차 미팅에서 다 거쳐야 고객의 니즈를 파악하고 고객에 맞는 영업도구들을 준비해 다음의 영업활동을 기획할 수 있다. 그리고 고객 또한 영업전문가의 제안이 자신과 자사에 얼마나 도움이 되고 이익이 되는지(문제해결과 이익)를 명확히 인식해야 영업전문가와의 지속적인 비즈니스 미팅을 기대하고 영업전문가를 비즈니스 파트너로 생각할 것이기 때문이다. 이러한 바람직한 결과를 위해 상담 프로세스 하나하나에 대해 알아보도록 한다.

① 오픈마인드와 신뢰구축

오픈마인드와 신뢰구축은 영업상담의 출발점이자 고객이 상담에 적극적으로 임하도록 하는 영업전문가의 기본적인 커뮤니케이션 기술이다. 이 단계에서 영업전문가는 자신의 인간적인 매력과 비즈니스 전문가로서의 역량을 보여 줄 수 있다.

1) 오픈마인드

타깃 고객으로 선정한 후 여러 차례의 접촉(Cold Call, 이메일 등)을 한 고객을 드디어 방문한다. 영업전문가는 고객에게 좋은 이미지를 주고 충분한 시간을 확보해 상담을 진행하고 싶다. 고객을 만났다. 곧바로 고객을 설득할 수는 없다. 고객과 공감대도 형성하고 싶다. 고객의 성격(주도형, 사교형, 신중형, 안정형)도 파악하고자 한다. 고객의 업무 스타일도 파악하여야 한다. 더 나아가 고객의 오늘 기분을 알고 싶다. 그 다음으로 상담의 흐름을 부드럽게 진행하고자 한다. 이를 위해 영업전문가는 고객을 방문할 때

간단한 대화의 소재를 몇 개 준비해 가야 한다. 이를 우리는 Small Talk이라고 한다. 이 대화소재의 준비 정도가 고객과의 상담의 첫 문을 여는 데 중요한 역할을 한다. 고객 또한 자신을 방문한 영업 전문가가 인간적인 호감과 비즈니스 능력을 갖추었기를 바란다. 이를 위해서 다음의 소재들을 준비해 가도록 하라.

(1) Small Talk 1 – 개인적인 대화소재
개인적인 대화의 소재에는 다음의 것들이 있다.
① 취미
② 여행
③ 가족
④ 고향
⑤ 성취한 것
⑥ 날씨
⑦ 경력
⑧ 휴가
⑨ 좋아하는 스포츠
⑩ 여가활동 등등

이러한 소재로 상담의 첫 문을 열도록 하라. 이 개인적인 주제로 대화를 시작할 때는 항상 영업전문가 자신의 개인적인 이야기를 먼저 오픈하여야 한다. 즉 고객에게 일방적인 질문(고향은, 사는 곳은 등)을 하기 전에 먼저 자신의 정보(저는 고향이 ___인데,

고향은 어디신지…… 등)를 먼저 오픈하고 고객의 정보를 듣도록 하라. 이 대화를 통해 일치되는 소재(같은 취미 등)가 있으면 이 이야기만으로도 공감대를 형성할 수 있을 것이다. 고객의 성격에 따라 이러한 소재에 대한 이야기를 꺼리는 경우도 있다. 영업전문가는 한두 가지로 대화를 시도해 보고 이것을 판단해 적절하게 대응(비즈니스 소재로 넘어 가거나, 상담의 신뢰구축으로 들어가는)할 수 있어야 한다.

(2) Small Talk 2 - 비즈니스 대화소재

다음으로 영업전문가가 활용할 수 있는 대화의 소재는 고객의 비즈니스와 관계된 최신 정보들이다. 신문이나 인터넷을 통해 효과적으로 고객의 비즈니스에 대한 정보를 확인할 수 있을 것이다. 이러한 정보를 이야기함으로써 영업전문가가 고객의 비즈니스와 업무에 대해 관심을 갖고 있고 준비된 전문가라는 인식을 심어 줄 수 있다. 이때 활용할 수 있는 정보로는

① 고객의 산업과 시장의 흐름
② 고객의 경쟁사의 동향
③ 기술적인 혁신과 통합
④ 고객의 변화와 트렌드
⑤ 금융흐름
⑥ 기업들의 경쟁력 강화 노력들-그린 경영, 환경경영, LOHAS 등
⑦ 고객 업무와 관련된 최신 정보들

⑧ 고객이 추진하는 업무에 대한 지식들(식스 시그마 등)

⑨ 정책변화와 같은 거시적인 환경정보

⑩ 법규(PL법, 탄소규제 등) 변화 등이 있을 것이다. 그리고 영
업전문가가 반드시 알아야 하고 파악하여야 하는 정보는 고
객사의 경영방침과 목표, 전략들이다. 이러한 정보를 파악해
고객과의 상담을 준비하여야 한다. 필요하면 이러한 정보를
스크랩해서 고객에게 제공하는 것도 좋은 방법이다.

(3) Small Talk 3 - 기타 상황적인 대화소재

기타 영업전문가가 고객과 본격인 상담을 하기 전 고객의 마음
을 여는 대화 소재는 고객의 주변에서 찾을 수 있다. 관심을 갖고
찾으려는 노력을 하면 기대 이상의 소재들이 있음을 알게 될 것이
다. 이러한 소재들에는

① 고객의 책상이 놓인 가족사진

② 고객의 주변에 있는 상장과 트로피

③ 고객의 취미를 알려 주는 상징물들 - 골프클럽, 테니스 라켓 등

④ 고객의 책상에 있는 책

⑤ 사무실의 위치와 전망

⑥ 직원들의 표정과 친절 등도 고객의 마음을 여는 좋은 대화
의 소재들이다. 너무 과장하지 않도록 주의하면서 순수한
관심을 갖고 이러한 소재를 활용해 대화를 시작하도록 하라.

(4) 영업전문가는 위의 오픈마인드 소재로 대화를 이끌어갈 때는

① 먼저 마음을 열기

② 간단하고 쉬운 주제로

③ 주변에 있는 소재

④ 미소 짓고 인사를 하면서

⑤ 순수한 관심을 가질 것

⑥ 비난, 비평, 불평의 메시지는 자제할 것 – 어떠한 소재에 대
　 해서도

⑦ 고객의 이름을 부르면서

⑧ 고객의 말을 경청하는 태도로

⑨ 항상 고객이 소중하다는 느낌을 전할 수 있어야 한다.

　이러한 오픈마인드의 시간(3~5분)을 항상 갖도록 하라. 이 정도
의 시간을 할애한다면 고객의 기분이나 성격 등을 파악하는 데 충
분할 것이고 상담을 부드럽게 진행할 수 있는 출발점이 될 것이
다. 몇몇 영업전문가들은 자신과 고객의 나이 차이로 인해서 발생
하는 대화의 어려움을 호소한다. 이러한 어려움의 원인은 영업전
문가는 자신이 관심 있는 소재로 대화를 전개하려 하기 때문이다.
이러한 어려움을 극복하기 위해서는 고객이 처한 상황(개인적 상
황, 업무적 상황 등)에 맞는 대화소재를 준비하는 것이 필요하다.

2) 신뢰구축

어느 정도의 오픈마인드를 위한 대화의 시간이 흐르면 영업전문가는 상담을 본격적으로 전개하여야 한다. 고객과 계속 오픈마인드의 소재만으로 상담을 계속 할 수는 없으니까. 고객 또한 일정한 시간이 지나면 영업전문가의 제안 및 방문목적을 듣고자 한다. 고객이 오픈마인드의 소재와 관련된 대화에 약간 소극적인 반응을 보이면 곧바로 신뢰구축의 단계로 들어가야 한다.

이 신뢰구축은 상담의 전체적은 흐름과 방법을 알려주고 상담에 집중하도록 하며, 상담의 시간을 확보하는 것이다. 고객이 상담에 임해야 하는 이유, 고객이 상담을 통해 얻을 수 있는 이익 등이 신뢰구축의 기본 내용이다. 신뢰구축의 커뮤니케이션 구조는 다음과 같다.

〈표 3-1〉 신뢰구축 구조

단계	내용
방문목적	방문의 목적을 고객이 얻는 이익(원가절감, 업무효율 증가 등 솔루션) 중심으로 이야기한다.
필요성, 배경	고객이 처한 상황과 배경, 환경, 고객의 목표 등을 상담의 목적과 연결한다.
사례와 근거	상담의 목적을 이미 달성한 다른 고객사, 사례들을 실제 자료와 함께 제시한다. → 간단하게, 흥미를 끄는 수준으로만.
상담의 이익	상담을 통해 고객이 얻는 이익을 강조한다.
상담 전개 순서	상담이 시간, 방법, 흐름 등을 이야기하면서 전체적인 상담 프로세스를 알린다.
합의	고객의 다른 요청사항이 있는지 확인하고 상담의 진행을 약속받는다.

위의 구조로 메시지를 전달해 영업전문가와의 상담이 고객을

위한 것임을 알리고 고객이 상담에 적극적으로 임하고자 하는 마음을 갖도록 하는 것이 핵심이다. 위의 구조 순서는 얼마든지 바뀔 수 있다. 고객에게 사례를 먼저 보여 주어 고객의 반응을 살핀 후 상담의 목적과 방법 등을 이야기해도 좋다.

고객이 신뢰하는 영업실무자는 다음의 것들을 갖추고 주요 메시지로 전한다.

- 전문성을 보여 준다: 고객의 업무와 비즈니스를 이해하고 고객의 목표(경영목표, 업무목표)를 달성하는 데 지원할 수 있는 능력을 강조한다.
- 이미지를 각인시킨다: 전문가라는 이미지를 각인시켜 줄 수 있도록 준비하라. 복장에서 가방까지 너무 자유분방한 이미지는 자제한다.
- 고객에 대한 헌신하고자 하는 마음을 갖는다: 이것은 고객이 원하는 것(가격할인 등 거래조건)을 모두 수용해 주는 것이 아니라 고객을 진정으로 돕고 싶다는 마음을 갖는 것이다. 솔루션의 가치를 극대화하는 방법이다. 필요하다면 고객의 업무(내부 보고를 위한 서류 준비 등) 중 일부를 대신해 주는 것도 좋다.
- 고객에 대한 민감함으로 고객의 개인적이고 심리적인 요구에도 적절히 대응할 수 있어야 한다. 그리고 고객의 말, 행동 이면의 내용을 파악하는 능력도 갖추어야 한다.

- 상담에서 고객을 이끄는 능력

  -"저는 오늘 상담을 _____게 전개……. (고객의 문제를 해
   결…… ____하게 도움을…….)
  -"오늘 이렇게 만나 뵙기 위해 제가 준비한 것은……."
  -"오늘 상담을 통해 제가 도움을 드리려고 하는 것은……."
  -"오늘 상담을 통해 ____님이 얻을 수 있는 이익은……."

- 영업전문가의 준비됨을 고객에게 알려라.

  -"저희는 ____한 방식으로……."
  -"제가 고객을 도와드리는 방법은……."
  -"오늘 방문 목적은……."
  -"이 자료를 보시면……."

- 고객의 공감을 끌어내는 대화-고객의 주의를 끌어라.

  -"최근 ____한 기업들이 ____한 이익을 얻고 있는 것을
   ____?"
  -"고객들이 ____한 문제를 해결하고 있는 것을 알고 계신지?"
  -"____한 문제가 최근 기업의 성장에 방해가……."
  -"_한 문제해결로 _한 이익을 얻는 기업들이 많다는 것
   을……?"
  -"저희는 ____한 이익을……."
  -"저희는 ____한 문제를 해결해서 ____한 이익을……?"

-"경쟁사인 ＿＿＿기업도……."
-"최근 시장의 동향과 고객들이 원하는 것이 ＿＿＿＿이라는
   것과 그것을 저희가 어떻게 도와드리는지……."

- 고객에게 환영받아라.
  - 가치를 이야기하라.
    -"여기 좋은 소식이 있습니다."
    -"＿＿＿＿＿님이 좋아할 만한 아이디어가 있습니다. 그 아이
      디어를 제공하고자 합니다."
  - 고객의 시간을 존중하고 보호해 주어라.
    -"방문의 목적은 ＿＿＿＿＿＿＿으로 ○○분간의 시간
      만……."
    -"시간을 줄여드리고자 몇 가지 확인을……."

- 사례를 들어라.
  - 사례와 근거 자료를 제공함으로써 고객의 공감을 얻고 상담
    에 집중하게 하라.
    -"＿＿＿기업이 최근 ＿＿＿＿한 이익을 얻고 있습니다. 그 자
      료로……."
    -"최근 시장 조사에 의하면 최종 소비자들이 ＿＿＿＿한 것을
      원한다고, 그 자료가 ＿＿＿＿＿＿."
    -상담을 통해 고객이 얻는 이익을 강조하라.

- "오늘 상담을 통해 __한 문제해결의 방법을……."
- "오늘 상담으로 구매비용을 줄이는 데 좋은……."
- "고객의 요구에 신속히 대응하는 업무진행이 가능하도록……."
- "____한 경영상의 이익을 위한 ____한 문제해결의 방법을……."

영업전문가는 고객과 상담을 전개하면서 이 신뢰구축의 단계를 반드시 거쳐야 한다. 고객이 상담에 대한 가치를 알도록 하고, 그래서 기꺼이 상담에 시간을 투자하도록 하는 방법이기 때문이다. 효과적인 신뢰구축을 위해서는 고객에 대한 정보파악과 분석 그리고 고객에 맞는 다양한 사례와 메시지를 준비하여야 한다.

❷ 고객의 니즈 개발과 설득

오픈마인드를 통해 고객과 공감대를 형성하고 서로에 대한 이해도를 높였다. 신뢰구축을 통해 고객이 상담에 적극적으로 임하도록 이끌었다. 이제 고객의 상황과 문제 등을 파악해 고객에 맞는 제안을 실행할 단계이다. 이 단계에서 설득 부분은 앞의 장에서 충분히 설명(설득의 구조, 원칙, 솔루션－제품지식 등)하였으므로 여기서는 고객의 니즈를 이해하고 파악하는 방법에 대해 알아보도록 한다.

1) 니즈의 정의

니즈는 "고객이 가진 해결할 문제, 채워야 하는 필요, 그리고 달성하고자 하는 목표, 해소하고자 하는 불편함을 해결하기 위해 외부의 자원을 기꺼이 구매하고자 하는 욕구"를 말한다. 고객이 가진 필요와 문제, 목표, 욕구가 모두 니즈가 되지 않는다. 기꺼이 자본을 투자하고, 비용을 지불하고자 하는 마음이 있어야 니즈가 된다. 불편함을 참고 견디거나 문제를 그냥 안고 가거나 목표달성을 굳이 하지 않아도 된다면 구매로 이어지지 않기 때문이다.

2) 니즈의 가치

따라서 니즈는 고객이 기꺼이 구매하도록 하는 힘이 있다. 고객의 니즈가 강할수록 영업전문가의 제안은 가치가 있다. 니즈의 긴급성이 때로는 영업이익률을 최대로 보장해 준다. 고객의 니즈 충족 중심의 영업활동은 고객이 영업전문가를 자신의 비즈니스 파트너로 대우하게 만들어 준다. 니즈 중심의 영업활동은 영업전문가의 자부심을 키워 준다.

고객이 가진 다양한 니즈는 영업의 기회를 제공해 준다. 니즈는 상품과 서비스의 가치를 올려 준다. 니즈는 고객이 구매의사결정 프로세스를 가동하도록 하는 원동력이 된다.

3) 니즈의 종류

영업전문가는 고객이 가진 몇 가지의 니즈를 파악하고 활용할
수 있어야 한다. B2C 영업의 고객이 가진 니즈는 대부분 생활의
불편함을 해결하고 편리한 삶을 추구하는 욕구이다. 그리고 개인
적인 성향에 따라 개인의 구매의사결정과정이 다르다. 이와는 다
르게 B2B 영업의 고객은 아래의 두 가지 니즈를 갖고 있다.

(1) 조직니즈

조직니즈는 말 그대로 조직의 문제와 필요, 달성하고자 하는 목
표들이다. 조직의 니즈는 구매관계자의 역할에 따라 그 내용이 조
금은 다르다. 각 구매관계자의 역할과 니즈는 제4장에서 자세히
알아볼 것이다. 여기서는 기본적인 B2B 고객의 조직니즈 구조를
알아보도록 한다.

조직이 외부에서 수많은 자원, 원자재, 물품 그리고 서비스를
구매하는 이유는 조직의 목표달성을 위해서 필요하기 때문이다.
예를 들어 고객으로 선정한 기업의 경영방침이 '원가절감을 통한
이익실현'이라고 가정하자. 이 경영방침에서 이 기업의 목표는 이
익실현이 된다. 이익실현을 위한 가장 중요한 방법으로 이 기업은
원가절감이라는 문제를 해결하여야 한다. 즉 원가절감이 가장 최
선의 해결책이라는 것이다. 그렇다면 이 기업의 원가절감은 어디
에서, 어느 부서에서 가능할까? 답은 모든 부서에서 정해진 만큼

의 원가절감이 달성되어야 가능하다.

이 '원가절감을 통한 이익실현'이라는 경영방침은 조직의 고위 경영자들이 전략회 의에서 다음 연도의 경영목표로 정한다. 그 다음으로 각 부서는 원가절감을 중심으로 다음 연도의 업무목표와 추진계획을 세워 경영층에 보고한다. 이때 각 부서의 업무목표는 원가절감이 된다. 각 부서는 자신들에게 부여된 원가절감을 위한 방안으로 내부적으로 비용을 줄이거나, 직원들의 업무효율을 올리기 위한 다양한 방법을 모색한다. 하지만 이러한 내부적인 노력으로 부서의 원가절감 목표달성이 어렵다. 그래서 각 부서에서는 원가절감의 방안으로 외부에서 특정 자원, 자재, 서비스를 필요로 한다. 이 내용(내부적인 방법, 외부의 자원 조달)들을 정리해 경영전략 회의에서 보고하고, 승인받은 업무목표와 추진계획에서 요구된 자원의 구매업무가 구매부로 이관된다.

구매부는 각 부서의 구매요청(다음 연도 업무 목표달성을 위해 필요한) 내용을 정리해 구매시기와 구매방법, 구매예산, 구매담당자를 정한다. 그 다음은 계획에 따라 구매한다. 이때 구매부의 업무목표도 구매비용(구매부의 원가) 절감이 된다.

위의 내용이 B2B 고객의 니즈 발생 배경이고 구매프로세스 중 기본이 되는 프로세스이다. 여기서 이 기업이 구매를 하는 궁극적인 이유, 니즈, 욕구는 이익실현이다. 이것을 **경영니즈**라고 한다. 이 경영니즈는 조직의 경영목표, 경영전략, 경쟁전략 등에 의해 발생한다. 다음으로 해결할 문제인 원가절감은 경영니즈를 달성하기 위해 모든 부서가 달성해야 하는 업무목표가 되며 이것을 **업무니즈**라고 한다. 이 업무니즈 즉 각 부서의 원가절감 목표를 달성에 필요한 도구, 수단으로서 특정한 성능, 기능, 품질 등의 SPEC이 있는 제품, 상품, 서비스가 필요하다. 이것이 **상품니즈**이다.

- 경영니즈→경영목표, 경영전략의 수행 등 주로 이익실현, 매출향상, 경쟁력 향상
- 업무니즈→원가절감, 고객만족, 품질향상, 생산성 향상, 불량 줄이기, 업무효율, 가격경쟁력 강화, 시장 확대, 신제품 개발, 시장 점유율 향상, 차별화 서비스 개발, 서비스 강화 등
- 제품/상품니즈→위 업무니즈를 해결해 주는 특성 SPEC을 가진 상품, 제품, 서비스

각 부서가 요구하는 SPEC이 있는 상품, 서비스를 구매하는 업무를 하면서 구매비용을 줄이는 것이 구매부의 업무니즈가 되며, 구매부의 업무니즈를 채우는 수단과 도구는 협상의 쟁점인 거래조건들이다. 이 조건들을 협상의 SPEC라고 부를 수도 있다. 이 쟁점들의 합의내용에 따라 구매부의 업무목표이자 니즈인 구매비용의 절감이 가능할 것이기 때문이다.

영업전문가는 고객기업의 니즈가 어디에서 발생하고 어떻게 검토되는지를 알아야 효과적이고 효율적인 영업활동을 기획할 수 있다. 항상 고객의 문제와 목표, 욕구를 발견하는 데서 영업의 출발점이 되도록 하라. 그리고 앞 장에서 알아본 상품과 서비스의

지식 즉 솔루션을 이 문제와 욕구들에 연결시켜 영업의 가능성을 파악할 수 있어야 한다. 아무리 뛰어난 SPEC을 갖고 있다고 하더라도 자신의 니즈(경영니즈, 업무니즈)를 채워 주지 못하는 상품과 서비스를 구매하는 고객은 없기 때문이다.

일반적으로 B2B 고객은 다음의 문제가 구매요청의 시작이 된다.

- 고객이 가진 문제
  - 고객의 불평, 불만
  - 경쟁력 부족과 해결책
  - 진부한 관리 방식 극복
  - 적절한 기회의 상실과 이로 인한 손해
  - 급변하는 거시환경
  - 안정적 성장에 대한 불안감과 해서 방법
  - 비현실적인 기대감→지나친 경영목표
  - 업무상의 만족스럽지 못한 성과
  - 자연재해
  - 미래에 대한 불확실성→시속직 성장과 발전을 위해
  - 잘못된 의사결정과 실패 그리고 만회
  - 혁신과 변화에의 적응
  - 좌절감 극복을 위해서
  - 잘못된 이미지 개선
  - 자원의 부족

- 경쟁에 대한 압력
- 자신감 부족
- 신속하지 못한 업무 실행
- 정보 부족
- 사용되지 않는 유효자원
- 목표달성 실패
- 지나친 자신감
- 의견불일치
- 과도한 정보
- 대체재의 경쟁력
- 새로운 경쟁자 출현
- 고객들의 협상력 강화

등 요인들이 고객들에게 해결할 문제 혹은 충족할 욕구를 발생시킨다. 각 요인들의 영향을 받는 실무부서들은 항상 이러한 문제에 사전 준비를 하거나, 사후 신속한 대응을 위한 수단을 찾는다.

영업전문가는 2장에서 알아본 고객이 경영전략, 경쟁전략, 시장에서의 위치에 따라 영업의 기회를 찾는 내용을 기억해 그 기회가 고객의 니즈가 됨을 알고 활용하도록 하라.

(2) 개인니즈

영업전문가가 만나는 B2B 고객이 실무 담당자는 조직에서 일을 한다. 이들은 업무적으로 영업전문가를 만나 구매를 하든, 직접 사용을 하든 조직의 목표달성에 기여하고자 한다. 따라서 이 고객에게는 조직니즈가 우선된다. 하지만 조직의 업무를 수행하면서도 또 하나 충족시키고 싶은 것은 개인적인 니즈이다. 이 개인적인 니즈는 업무성과와도 직결된다. 바꾸어 말하면 업무목표도 달성하면서 자신이 원하는 개인적인 욕구도 달성하고자 한다는 것이다.

영업전문가는 이 개인적인 니즈를 무시해서는 안 된다. 왜냐하면 이 개인적인 니즈가 때로는 계약에 결정적인 영향력을 미칠 수 있기 때문이다.

다음의 표를 참조하여 고객의 개인적인 니즈도 이해하고 영업활동에 적극 활용하기 바란다.

〈표 3-2〉 개인 니즈의 구성

개인적 니즈	의 미	대 응
영향력	-자신이 가진 업무의 전문성과 -업무에서의 결정권 등을 확인받고 싶은 욕구 -자신의 권한을 확인하고자 하는 욕구	-고객의 구매에서의 역할을 인정하고 적절한 대응 -사전에 제안을 통해 이 욕구를 충족시키기 -고객의 권한을 인정하라.
안정, 안전	-외부자원의 조달에 대해 자신의 조직 내 위치와 역할, 영향력에 부정적인 영향을 제거하려 하는 욕구	-구매 결과가 사용자, 엔지니어, 구매담당자의 업무니즈를 충족시켜 줌으로써 가능
관계	-내부 관계부서와 이해 관계자들과의 관계를 고려한 욕구	
인정	-외부자원의 구매를 통해 조직으로부터 인정받고자 하는 욕구 -업무성과와 능력에 대한 인정	

4) 니즈 개발

영업전문가가 고객을 만나 상담을 시작하자 고객이 먼저 자신과 조직이 가진 목표와 문제 즉 경영니즈와 업무니즈를 이야기하면서 그 해결방법을 요청한다. 고객의 니즈가 영업전문가가 준비한 제안(상품, 서비스의 솔루션)으로 충분히 해결할 수 있다. 그리고 그 증거와 사례도 있다. 이때 영업전문가의 반응은? 곧바로 설득을 하고 마무리를 시도하면 된다. 이와 같은 상황은 모든 영업전문가가 바라는 상황이다. 하지만 현실에서는 극히 드물다.

고객은 영업전문가의 방문을 허락하였으면서도 상담에는 적극적이지 않다. 자신의 상황을 묻는 질문에 그럭저럭 대충 반응을 보인다. 심지어는 방문을 허락하고서도 무관심을 보이거나 영업전문가를 홀대한다. 자신의 니즈를 말하지 않을뿐더러 영업전문가에게 준비해 온 자료를 먼저 보자고 한다. 자료를 주면 곧 "검토 후 필요할 때 연락을 주겠다'라고 하면서 상담을 마무리 지으려 한다. 이것이 대부분의 영업전문가들이 겪는 상황이다.

영업전문가는 어떠한 상황에서든 고객의 필요와 니즈를 끌어내야 한다. 고객이 곧 구매하지 않더라도 영업전문가의 솔루션과 제안이 자신의 경영니즈의 업무니즈 충족에 도움이 된다는 것을 인식하고 필요하도록 만들어야 한다. 이를 위해서는 고객이 처한 상황과 환경을 분석해 고객의 니즈를 유추해 확인하거나 솔루션을 중심으로 고객의 니즈를 파악하는 질문을 활용할 수 있어야 한다.

이를 효과적으로 수행하기 위해선 앞 단계인 오픈마인드와 신뢰 구축의 올바른 수행이 요구된다.

솔루션을 중심으로 고객의 니즈를 추론하고 가설을 수립하는 방법은 Chapter 3의 영업기회의 발굴에서 알아보았다. 여기에서는 고객이 자신의 니즈를 모르거나 말하지 않을 때 영업전문가가 제안하는 솔루션의 가치를 고객이 인식하도록 하기 위해 고객의 니즈를 발굴하기 위한 질문의 방법을 알아보도록 한다. 그리고 이 질문의 방법을 효과적으로 실행하기 위해서는 경청의 기법 중 언어적인 기법이 기본이 됨을 이해하고 그 방법을 상기하기 바란다.

(1) 질문의 유형

영업전문가가 고객의 니즈 발굴을 위해 사용할 수 있는 질문에는 크게 두 가지 유형이 있다. 하나는 열린 질문으로 고객으로 하여금 자신이 상황, 해결할 문제, 달성할 목표들을 자유롭게 표현하도록 하는 개방형 질문(열린 질문)이다. 5W1H(What, Where, When, Why, Who, How to)의 질문이 이 열린 질문이다. 고객이 이 질문에 답을 하기 위해서는 자신의 정보(니즈)를 공개하여야 한다. 열린 질문에는 탐색질문과 분석질문이 있다. 때로는 사례를 언급하면서 고객의 흥미와 반응을 살피는 기술이 필요하다.

또 하나의 질문유형은 닫힌 질문으로 고객의 말을 듣고 영업전문가의 판단과 이해의 수준을 확인하거나 고객을 만나기 전 준비한 영업전문가의 추론/가설을 확인하기 위한 질문이다. 이 닫힌 질문에 대한 고객의 답은 "예", "아니오"라고 단답형, 긍정/부정형으로 대답을 할 수 있는 질문이다.

영업전문가는 고객을 만나기 위한 상담 준비를 하면서 고객의 상황을 예측해 고객이 자신의 현재 상황과 니즈를 말하도록 하는 이러한 질문들을 준비하여야 한다. 이 준비를 위해서는 우선 영업전문가는 자신이 고객에게 제안할 상품과 서비스의 솔루션을 기초로 질문을 만든다. 솔루션 구조 중 SPEC을 제외한 문제해결, 편리함과 이익 그리고 기존 고객의 사례를 중심으로 생각하면 고객을 만나 확인하고 파악할 내용들이 있을 것이다. 그 다음으로 고객에 대한 정보를 분석해 솔루션으로 고객을 방문하는 목적(충족시켜 주려는 고객의 니즈)을 추론하고 그 추론을 확인하는 질문을 할 수 있어야 한다.

(2) 질문의 종류와 방법

고객의 니즈를 발굴하기 위한 영업전문가의 질문은 상품과 서비스의 솔루션과 고객에 대한 정보를 기본으로 하여야 한다. 아무리 고객의 니즈가 강하고 긴급하여도 자사의 상품과 서비스로 충족하거나 해결할 수 없는 니즈는 자신의 영업기회가 아니다. 반대로 자사의 상품과 서비스로 해결할 수 있는 문제와 채워 줄 수 있는 니즈를 가진 고객이 영업의 성과를 달성하도록 해 준다.

영업전문가는 고객을 만나 오픈마인드와 신뢰구축을 한 다음 본격적인 상담에 들어가면서 질문을 통해 고객의 니즈를 발굴하는 시도를 하여야 한다. 영업전문가의 질문에 고객이 답을 하지 않을 수도 있다. 그럼 무리하게 고객의 답을 요청하지 말고 영업 전문가의 추측을 바탕으로 다양한 유도질문을 시도한다.

고객이 먼저 자료를 요청할 때는 일단 오늘 상담을 통해 얻을 수 있는 이익을 보다 쉽게 이해하는 데 도움을 주고자 몇 가지 확인을 위한 질문을 한다고 이해를 시켜서 질문의 기회를 확보하는 시도를 하라. 그래도 자료를 먼저 요청하면 자료를 제공한 후 고객의 검토내용과 태도를 보고 적절한 질문(특별한 내용 혹은 특정 페이지에 집중하는 것을 파악해 왜 그 내용에 관심이 있는지, 추가적인 설명이 필요한지, 왜 그러한 결과가 나온 것인지 아는지 등의 질문으로 상담을 전개)을 한다.

영업전문가가 활용할 수 있는 열린 질문에는

- 탐색질문
  고객의 문제, 니즈 욕구를 파악하는 질문
  - 자사의 역량(상품, 서비스)이 해결하는 문제, 채워 주는 욕구를 파악
  - 고객이 얻는 최종 이익을 파악, 특히 기존고객의 이익을 중심으로
  - 사전에 파악한 정보(고객의 변화, 경영목표, 거시환경의 변화, 고객이 속한 산업구조의 변화 등)를 바탕으로

- 상황질문
  - _____한 것을 필요로 하지 않는가?

　－_____한 어려움은 없는가?

　－_____한 것을 자주 사용하지는 않는가?

　－언제 _____한 것이 필요한가?

　－_____한 변화를 알고 있는가?

　－경쟁사의 _____한 움직임을 알고 있는가?

　－왜 고객만족을 경영목표로 정했는가?

● 문제 확인 질문

　－_____한 문제가 없는가?

　－_____한 것이 불편하지 않는가?

　－_____가 없어 힘들지 않는가?

　－무엇이 문제인가?

　－어떤 문제가 우선적으로 해결할 문제인가?

● 욕구 충족질문

　－_____을 요구하지 않는가?

　－_____를 필요로 하지 않는가?

　－_____한 것에 대하 불평들이 없는가?

　－원가절감을 어느 정도로 하려 하는가?

● 이익질문

　－경영목표는?

　－부서의 목표와 전략은?

－_____한 이익을 원하지 않는가?

－원가절감의 목표를 달성하면 예상되는 이익은?

- 분석질문: 원인과 영향파악→욕구의 강도를 확인

－무엇이 문제인가?

－원인은 어디에 있는가?

－그것이 해결되지 않는다면_____?

－그 문제가 해결 된다면_____?

－누가 무엇을 할 수 있어야 하는가?

－문제해결을 위해 요구되는 것은?

－이익을 위해 필요한 것은?

위의 열린 질문을 하면서 영업전문가는 고객의 말과 자신이 이해하고 해석한 것을 확인하는 질문인 닫힌 질문을 한다.

- 확인질문: 고객의 말을 정리→솔루션으로 연결을 위해

－_____이 필요하다는……?

－_____을 할 수 있어야 한다는……?

－_____을 위해-문제를 해결해야 한다는……?

－_____을 할 수 있다면 좋다는……?

등의 질문으로 고객의 니즈를 확인하고 명료하게 정의한다. 고객이 여기에 동의하면 솔루션으로 설득에 들어가며, 만일 동의하지

않으면 다시 위의 열린 질문을 계속한다.

그리고 영업전문가가 고객을 만나 고객의 니즈를 파악할 때 활용할 수 있는 또 하나의 질문 유형은 AS IS/SHOULD BE 질문이다. 이 질문은 상담하는 고객에게 제안하려는 솔루션이 제공하는 이익, 문제해결을 중심으로 다음의 순서로 질문할 수도 있다.

- 현재 상태: 솔루션이 제공하는 이익과 문제해결에 대한 고객의 현재 상황을 질문한다. 이때 사용하는 이익과 문제해결은 신뢰구축에서 방문목적을 이야기함으로써 고객이 인식하도록 하여야 한다.
  - "원가절감은 어느 정도……?"
  - "현재의 생산성은 얼마나 되는지?"

- 원하는 수준, 모습: 위의 이익과 문제해결의 수준을 파악한다.
  - "원가절감의 목표는?"
  - "생산성 향상의 목표는?"
  - "어느 정도를 목표로……?" 등의 질문을 한다. 이러한 질문으로 고객이 원하는 수준의 명확성과 그 달성에 대한 욕구 수준의 강도를 파악하도록 하라.

- 장애물: 현재와 원하는 수준의 차이를 극복하지 못하는 장애물을 파악한다. 이 장애물을 고객이 명확하게 인식하고 있지 않으면 영업전문가는 몇몇 사례를 들어 장애물을 인식하도록 한다.

- "원하는 수준을 달성하지 못하는 이유는?"
- "원가절감을 하지 못하고 있는 것은?"
- "생산성 향상을 위해 해결할 문제는?"

- 요구하는 해결책: 고객이 장애물을 극복하는 데 요구하는 해결방법을 묻는다. 고객이 원하는 해결방법과 영업전문가의 솔루션을 일치시키기 위한 방법이다.
  - "어떤 것이 있어야 장애물을 극복하고 원하는 수준의 원가절감이 가능하다고 생각하는지?"
  - "혹 __한 방법으로 원가절감이 가능하다는 것을 알고 계신지?"

- 이익: 장애물을 극복하고 원하는 수준을 달성하였을 때 고객이 얻는 궁극적인 이익을 확인한다.
  - "그럼 원가절감 __%가 달성된다면 얻는 이익은?"

이렇게 질문을 통해 니즈를 발굴하였으면 Chapter 2에서 강조한 '고객의 니즈를 알 때의 설득구조'로 고객을 설득한다. 만일 고객이 영업전문가가 질문하여도 대답을 소극적으로 하거나 자신의 상황을 말해 주지 않으면 '니즈를 모를 때의 설득방법'으로 설득을 시도한다.

다음으로 영업전문가는 구매담당자를 만나 영업활동을 전개할

때는 다음의 질문을 통해 구매의 니즈와 현재 상황을 파악하여야
한다. 앞에서도 강조하였듯이 구매부와 구매담당자는 조직의 목
표달성과 이를 위해 각 부서가 해결하거나 수행하여야 하는 업무
목표 달성을 위해 요구되는 자원을 대신 구매하는 역할을 한다.
따라서 구매부는 임의로 자원을 구매할 수 없으며 현장부서의 요
청에 의한 계획에 의해 구매업무를 수행한다. 따라서 영업전문가
는 구매담당자를 만나 상담할 때는 반드시 다음의 7가지 질문을
통해 구매니즈를 파악하여야 한다.

① 구매계획

   ⓐ 구매계획은 세워졌는지?

   ⓑ 그렇지 않다면 내년 혹은 금년도에 구매계획은 어떤지?

   ⓒ 언제쯤 구매 계획이 세워지는지?

   ⓓ 구매계획의 핵심은?

② 구매 예산

   ⓐ 구매예산은 확보되어 있는지?

   ⓑ 구매부의 목표는?

③ 구매프로세스

   ⓐ 어떤 방법으로 구매를 할 것인지?

   ⓑ 따로 영업활동(프레젠테이션 등)이 요구되는지?

   ⓒ 구매부가 현업부서의 검토 없이 결정할 수 있는지?

④ 구매관계자

   ⓐ 누가 의사결정권을 갖고 있는지?

   ⓑ 현업부서의 누가 실무자인지?

   ⓒ 구매담당자가 갖고 있는 권한은 어느 정도인지?

⑤ 구매시기

   ⓐ 언제까지 구매를 해야 하는지?

   ⓑ 현업부서가 요구한 납품시기는?

   ⓒ 언제부터 본격적인 구매업무를 시작할 것인지?

⑥ 구매 조건

   ⓐ 이번 구매에서 중요한 조건은?

   ⓑ 예전과 다른 조건이 있는지?

   ⓒ 합의를 해야 하는 조건은?

   ⓓ 조정이 필요한 조건은?

⑦ 기존 공급업체와 비즈니스에서 부담이 되는 조건과 해결하고 싶은 구매상의 문제는?

이러한 고객의 상황에 대한 기본적인 정보를 바탕으로 다음의 질문을 활용하기 바란다.

- 구매에서 합의를 볼 중요한 조건은?
- 구매비용을 줄이기 위해 무엇에 중점을 두고 있는가?
  - 왜?
- 예산의 확보는?
- 구매의 성과 기준은?
- 현업부서의 요구는?
  - 어느 부서인가?
  - 그들의 요구수준은?
  - 그들의 문제는?
  - 구매를 통해 그들이 해결하고자 하는 문제는?
  - 구매의 역할은?
- 구매절차는?
- 구매계획은? 그 내용은?
- 의사결정권자는?
- 현업부서의 이번 구매에서의 역할은?
- 계획한 예산보다 10% 싸게 구매할 수 있다면……?
  - 경쟁우위 강조
- 보다 좋은 조건으로 구매를 위해
  - 포기할 것은?
  - 더 강화되어야 하는 것은?

영업전문가는 위의 질문을 통해 구매계획에 자사의 상품과 서
비스가 올라가 있는지 확인한 후 추가적인 영업활동을 전개하든

영업협상을 전개하든 영업활동의 방향을 정할 수 있어야 한다.

거듭 강조하지만 구매계획에 없는 상품과 서비스를 구매부가 구매하는 경우는 거의 없음을 기억하기 바란다. 따라서 영업전문가는 자사의 상품과 서비스를 직접 사용하는 현업부서와 구매부서를 적절하게 공략하는 영업전략과 전술을 수립하고 실행할 수 있어야 한다.

③ 영업 마무리와 거절/반대 극복

영업전문가가 고객에게 접근한다. 전화를 하든 방문을 하였든 대부분의 고객은 소극적인 태도로 상담에 임하거나 아니면 다양한 방법으로 거절 또는 영업전문가의 제안을 반대한다. 영업전문가가 넘어야 하는 가장 중요한 장애물이다. 이 장애물의 극복이 영업전문가가 성취감을 갖게 되는 계기이기도 하다. 영업활동 초기이든 영업활동의 마무리 단계에서든 언제나 고객은 영업전문가의 제안을 그대로 받아들이지 않는다. 즉 영업전문가의 설득시도에 거부 혹은 저항을 한다.

이러한 상황을 효과적으로 극복하는 능력은 영업의 성과향싱에 매우 중요하다. 또 고객의 거절, 반대가 영업활동에서의 반대인지 협상의 반대인지를 파악하는 기준도 명확히 알고 있어야 한다. 여기서는 영업활동에서 부딪히는 반대, 거절을 극복하는 방법에 대해 알아본다.

또 영업전문가는 고객이 자신의 제안에 대하여 긍정적인 반응과 메시지를 보내면 과감하게 마무리 즉 고객의 의사결정을 촉구하는 요청을 하여야 한다. 고객에게 요청하는 의사결정은 계약을 하는 것과 영업의 다음 단계제안에 동의하는 것이다.

1) 마무리 기법 – 의사결정 촉구하기

영업전문가가 활용할 수 있는 마무리 기법에는 다음의 방법들이 있다. 마무리를 시도하는 데 두려움을 갖지 마라. 마무리를 시도해 고객의 반응을 알아야 다음의 영업활동을 계획할 수 있다. 그리고 마무리는 영업전문가가 가장 원하는 계약의 가능성을 확인하는 것이다.

- 추정 승낙법
  - 상대가 침묵하고 있으면 승낙을 의미하는 질문으로 마무리를 시도
    - "우선 100상자 정도 납품을 시켜 보시는 것이… 주문서에 사인을……?"
    - "그럼 다음 주에 귀사에 맞는 제안서를……."

- 선택 질문법
  - 망설이는 고객에게 2가지 선택안을 제안, 선택을 촉구

- "일단 100상자 아니면 사용해 보시고……."
  - "납품은 월말과 월초 중 언제가……."
  - "거래에는 이상의 3가지 방법이…… 어느 것으로……."
  - "좀 더 신중한 검토를 하는 데 도와드리고자 현업부서 직원들에게 샘플과 함께 설명을 하거나 직접 체험해볼 수 있는 기회를 가져보는 것이 어떠신지……."

- 긍정 유도법
  - 고객으로 하여금 긍정적인 답이 나오도록
    - "오늘 결정을 하실 것으로…… 상품은 차에…… 가져오도록……."
    - "그럼 효과를 직접 경험할 수 있도록 샘플을……."

- 결과 지적법(T그래프)
  - 고객이 구매하였을 때 얻는 이익과 구매를 연기 또는 포기를 하였을 때 지속되는 문제와 불편함의 비용을 비교해 설득하는 방법
    - 결론적으로 저희 상품을 이용하시면 ___한 이익이, 그리고 결정을 지연하거나 구매를 연기하시면 지금의 불편함/문제가 지속되어 ___한 비용을 지불… 어느 쪽을 선택하는 것이 이익인지…….

- 이점 확인법
  - 고객이 얻는 이익을 하나씩 나열해 고객이 결정을 하도록 유도
    - "부작용도 없고, ……한 문제도 해결…… 그리고 ___이익을……."
    - "___한 문제해결에 동의를 하셨습니다. 그러므로……."

- 반대이유 제거법
  - 고객의 반대 이유를 하나로 줄여 해결안을 제시하면서 결정하도록 유도하는 방법
    - "그럼 ___와 ___이 중요하군요. 그 문제는 이렇게 하면…… 어떻습니까?"

- 세일링 포인트 강조법
  - 솔루션(사실, 장점, 문제해결과 이익)을 강조
  - 고객이 얻는 핵심이익을 강조하면서, 구체적이고 신뢰가 가는 구체적인 사례를 제시하면서 의사결정을 촉구

- 주문 의뢰법
  - 직접적으로 구체적인 구매량 등을 확인하면서 의사결정을 요청하는 방법
    - "그럼 언제부터 납품을……."
    - "일차적으로 수량을 얼마나 준비하면……."

- 히든카드 제시법
  - 숨겨진 혜택(주로 거래조건)을 최후의 무기로
    - "참, 중요한 이야기가…… 이번 거래에서…… 10% 할인을……"
    - "그리고 __한 이익도 추가로 얻을 수 있습니다."

- 기한 한정법
  - '기한이 지나면 손해다. 지금이 살 시기이다.'
    - "차년도에는 원재료 값의 상승으로 가격 조정이 불가피합니다. 따라서 지금 계약을 하시면 올해의 가격으로 ……."

- 다음 단계 제시법
  - 영업의 다음 단계를 제시해 고객의 반응을 살피고 계약의 가능성을 올리는 기회를 확보하는 방법
    - "그럼 실무자들과 미팅하는 것이……?"
    - "상사분들의 이해를 돕고자 저희가 프레젠테이션을 진행하면 어떨지?"
    - "샘플을 통해 보다 쉽게 이해를 할 수 있으므로 ___일 시연을 하면 어떻겠는지?"

또 영업전문가의 마무리 시도에 고객이 부정적인 반응을 보이

면 다음의 방법으로 응수하도록 하라. 영업전문가의 제안에 대한 고객의 반론에 대응하는 방법

- 직접법(부정)
  - 구실을 대며 거절, 오해가 있을 때
    - "농담이시죠. ＿＿를 원하는 사람은 없죠. 어째서……."
    - "결코 그런 일은……."
    - "그 부분에 대해서는 오해를… 저희는 이렇게……."
    - "그 조건은 업계의 관례와는 벗어난……."

- 간접법: yes, but
  - 고객의 말을 인정한 후 간접적으로 부정하는 방법. 고객의 말을 경청하는 것이 중요-고객의 이면을 파악하기 위해서…….
    - "효과를 의심하는 것은 당연…… 누구나…… 하지만 이 자료를 보시면 그러한 의문은……."
    - "충분히 이해…… 그럼 ＿＿한 이익에 대해선 알고 계신 대로……."

- 반전법
  - 고객의 반대, 거절을 그대로 응수, 부정하지 않고 다른 방법으로 반전

- "불경기라 말씀하시는데…… 그렇다면 이 상품으로 매상을 올릴 수 있다면……."
- "어렵다고 말씀하시는데 저희 상품으로 지금의 문제를 ____게 해결할 수 있다면 더 큰 이익이 있지 않겠습니까!"
- "지금 만족하신다고 하셨는데……, 원가를 ____게 줄일 수 있다면 관심을……?"

● 사례 제시법
 • 고객의 의문점을 해결하거나 확신이 부족할 때 사례, 증거, 추천장, 전문가 증언 등을 제시
  - "이 자료를 보시면 ○○기업에서 ____한 성과를……."
  - "원가절감에 대한 확신을 드리고자 이 자료를 보시면 ……."

● 전환법 - 자료
 • 대화가 잘 진전 안 될 때 다양한 자료를 통해 진전을 시도
  - "아 참, 임상실험 자료가 있는데……."
  - "처음으로 돌아가…… ____에 대한 자료로……."

● 전환법 - 대화
 • 다른 화제를 끌어내는 것
  - "그럼 사용방법은 나중에… 우선 사용을 통해 해결하는

문제를 이해하는 것이 필요……."

- "원가절감뿐 아니라 이 자료를 보시면 생산성의 향상에도……."

- "구체적인 조건은 나중에 협의하도록 하고 우선 ____부서(사용부서)의 반응을 먼저 알아보는 것은 어떠신지……?"

- 무시법
  - 거절, 반대 또는 의견을 무시
  - 자연스레 고객의 말을 못 들은 척하거나 반응을 보이지 않는다.

- 질문법: 고객의 반응, 반대를 역으로 질문
  - "왜 그렇게 판단을 하시는지?"
  - "왜 그것이 중요한지……?"
  - '그 말씀은 ____만 합의되면 결정을 할 수 있다는 것인지요!"

2) 거절, 반대 극복

고객의 거절과 반대를 당연한 반응으로 받아들일 수 있는 영업전문가는 보다 지혜롭게 고객의 반응에 대처할 수 있을 것이다. 고객은 여러 가지 이유와 목적으로 영업전문가의 제안을 거절하거나 반대한다. 관건은 이러한 고객의 반응에 영업전문가가 흔들려서는 안 된다는 것이다.

(1) 거절, 반대 극복의 기본스킬

영업전문가는 고객의 거절, 반대에 다음의 방법으로 대응하도록 하라. 기본원칙은 고객의 거절 혹은 반대를 그대로 인정하지 않고 이면을 파악하는 것이고, 다시 만나서 영업활동을 전개할 수 있는 계기를 만드는 것이다. 이를 위해서 고객이 다시 만나야 하는 타당한 이유를 제안할 수 있어야 한다. 우선 고객의 이면을 파악하는 방법은 아래의 기술을 활용하도록 하라. 이면을 파악하는 것은 다음 절에서 알아보도록 한다.

- 왜냐고 묻는다.→질문법
  - "왜 그렇게 생각을 하시는지?"
  - "어떤 점이 마음에 들고 또는 들지 않은지?"
  - "특별한 이유가 있다면 말해 줄 수 있는지?"

- 사례들 든다.→사례법
  - "이 자료를 보시면 다른 기업/고객들도 ____한 문제해결과 그 이익에 만족을……"
  - "이 정도의 이익이 있는 사례라면 검토할 가치가 충분하다고 생각하는데 어떻게 판단하시는지……"

- 인정법
  - "가격이 비싸다는 이야기는 가끔 듣습니다. 하지만 이 상품은 __한 특성과 문제해결, 이익을 드리는 것으로……."
  - "사후 서비스는 매우 중요한 요소이지요. 그럼 서비스만 만족스럽다면 결정할 수 있는지……."

- 체면 자극법
  - "이 정도의 기업이 ___에 부담을 느끼는 것은……?"
  - "○○께서 충분히 권한을 갖고 계신다고……."
  - "이 정도는 충분히 이해를……."

- 근거 자료 제시법
  - "이 자료를 보시면……."
  - "그 의문에 대해서는 ___ 자료로……."

- 부정법
  - "비싸다고요! 먼저 ___한 이익과 비교해 보시면…"
  - "실제 사용에 있어 지금 우려하는 부분은 거의 발생하지 않습니다. 근거로 지난 수년간 한 번도 그 문제로 저희 고객들이 어려움에 처한 경우는 없습니다."

- 나열법: 고객이 얻는 이익을 나열하면서

  -"＿＿한 문제해결과 ＿＿한 이익을 얻는 기회를 놓치시
   면…."

  -"지금 말씀하지 문제뿐 아니라 ＿＿한 부분의 불편함도 충
   분히 해소할 수 있습니다. 물론 ＿＿한 문제해결은 당연한
   것이고요."

④ 상황별 영업 커뮤니케이션

다음의 상황은 영업전문가들이 현장에서 겪는 고객들의 부정적
인 반응과 태도들이다. 그리고 이러한 고객의 반응에 효과적으로
대응해 고객이 영업전문가의 제안을 검토하고 다시 만날 수 있는
계기를 만드는 방법이다. 이 내용을 참고로 자신의 대응법을 개발
하기 바란다. 이러한 고객의 부정적인 반응에 대응하는 기본적인
사고는 항상 고객의 반응을 그대로 다 믿지 말라는 것이다. 고객
의 말과 반응을 절반만 믿고 나머지 절반의 이유를 찾는 노력을
하여야 한다. 그 방법으로 나음의 사례들이 있다.

- 고객: 지금 바빠서…….

  -＿＿한 가시반 확인…… "혹 ＿＿힌 문제기 없으신지……?
   혹 ＿＿한 이익을 원하지는 않는지? 직원/고객들로부터 ＿

한 불평은 없는지? 혹 ___한 것을 요청하지는 않는지 ___?"

－___한 말씀만…… "___한 가치를 제공……. 만나서…….
  보여드릴 자료도 있고……→언제 시간이……. 언제 전화를
  드리면……."

－"그럼 이 자료만 검토를……" 하면서 고객이 얻을 수 있는
  사례, 근거 자료를 제시해 반응을 살핀다.

－"현재보다 구매비용을 ___만큼 절약할 수 있는데……?"

－카탈로그를 주고 검토를 바란다고 하면서 물러서지 마라.
  굳이 이러한 자료를 제공해야 할 때는 고객이 검토할 부분
  을 표시해 주도록 하라.

● 고객: 지금 나가봐야 한다.

 ● 강력한 세일즈 톡을 던져라.

  －"이메일을 주시면 도움이 되는 자료를……."

  －"한 가지만 확인을……."

  －"생산부의 관심인 원가절감 방법에 대해서… 이 자료를 통
    해……?"

  －"그럼 실무자가 어느 분인지?"

  －"그렇다면 현업부서 담당자를 만날 수 있는지……?"

  －"어디로 외출을 하시는지. 방향이 같으면 동행을……."

- 고객: 지금 회의 중이다.
    - "실례를…… 언제 회의가 끝날 예정인지?"
    - 약속을 잡은 후 방문하였다면 약속하였음을 알리고 메모를 넣을 수 있는지? 있다면 "___한 것을 말씀 드리고자……."
    - 무작정 기다리지 마라.
    - 전화상의 대답이라면 고객의 상황을 확인할 수 없다. 따라서 고객의 말을 인정해 주고 다시 접촉을 시도하라. 필요하다면 자료를 먼저 보내 주어도 되는지 확인하는 것도 좋다.

- 고객: 지금 충분하다.
  - 인정을 하라.
    - 차별화를 강조-지금 거래처의 불평 찾기
    - "지금 만족하신다니 다행입니다. 혹 사용 중 ___한 불편은……. ___한 것이 해결되기를 바라지…… 편리함을 원하지는 않는지……."
    - "왜 그 제품을 구매……."
    - "기대에 만족스러운지……."
    - "지금 충분하다는 말씀이 ___한 문제가 없다는 것인지 아니면 이미 해결한 것인지……?"
    - "___한 이익을 볼 수 있음을 알고 있는지……."

- 고객: 지금 사용하는 제품이 상태가 좋다.
  - "예 좋습니다. 혹 제가 몇 가지 점검을…… 저도 그 분야의 전문가이니까……?"
  - "혹 ＿＿한 불편함은 없으신지, 그것을 ＿＿까지 해결을 하는지……?"
  - "나중에 ＿＿한 문제 발생 시 도움이 되는 자료를(혹은 조언을)……."
  - "기존 거래처는 ＿＿한 부분까지 신경을 써 주는지……."

- 고객: 지금 쓰고 있는 것을 버리기 아깝다.
  - "예, 충분히 이해합니다. 굉장히 알뜰한… 그것에 도움을 드리고자 ＿＿한 것이 ＿＿만큼 절약이 된다면……."
  - "혹 ＿＿한 비용이 들지 않는지? ＿＿한 불편함은 없는지……."
  - "사용하신 지는 얼마나 되었는지…… ＿＿한 문제는 발생하지 않는지……."

- 고객: 오늘은 시간이 없다.
  - "＿＿한 이익을 위하여 10분 정도의 시간을 허락할 수는 없는지……."
  - "＿＿한 문제해결에 도움이 되는데…… 언제가 좋을까요?"
  - "그럼 다시 약속을……, ＿＿와 ＿＿중 어느 날이 편하신지?"
  - "한 가지만 말씀을…… 혹 ＿＿한 이익을 원하지 않습니까?" 등

● 고객: 다음에 이야기하자.

  -"언제가 좋은지?"

  -"＿＿＿한 이익을 얻을 수 있는 기회를 연기하시겠는지……."

  -"그럼 이 자료만 검토를 해 주시기를…… 그리고 언제가 좋
   으신지. 저는 __와 __때가 좋은데……."

● 고객: 나중에 전화하겠다.

  -"예! 감사합니다. 언제쯤 전화를 주시겠는지?"

  -"화요일, 수요일 중 언제 제가 전화를 드리는 것이 편하신지?"

  -"이번 주에 혹은 다음 주에……."

  -"전화를 주실 때 도움을 드리고자 이메일로 간단한 자료
   를…… 이메일 주소를 알려……."

● 고객: 나중에 생각해 보겠다. 검토 후 연락을 주겠다.

  -"검토해 주신다는 데 감사합니다. 어떤 이유로 나중에 생각
   을……."

  -"언제쯤 결정을……. 어떤 결정을 기대하……."

  -"검토하시는 데 도움을 드리고자 자료를 간단히 소개……."

  -"이 메일을 알려 주시면 검토에 도움 되는……."

  -"언제 전화를 드리면 결정 사항을 알 수 있겠습니까?"

  -"그럼 이 부분과 ＿＿＿부분은 꼭 검토를 해 주시기 바랍니다.
   저희가 드리는 최고의 이익입니다. 검토에 도움이 되는 자

료는 따로 메일로……."

- 고객: 구입한 지 얼마 되지 않았다.
  - "그렇군요. 제가 한발 늦었습니다. 이왕에 구입하셨으니 제가 전문가로 조언을……. 몇 가지 확인을……."
  - "혹 ___한 문제도 해결이 되는지 알고 계신지……."
  - "___한 서비스는 제공받으시는지……."
  - "구입하신 계기가 무엇입니까? 구입할 때 무엇을 중요하게 고려를…… 그것이 만족스러운지……."

- 고객: 돈이 없어서, 예산이 부족…….
  - "누가 그 결정을 하는가?"
  - "언제 예산을 책정하고 누구 결정을…… 개입을……."
  - "이 정도는 충분히……."
  - "당장은 없더라도…… 나중에……."
  - "계획에 없던 구매를 하셨는지……."
  - "할부……." 등의 조건을 제안→최소의 비용이 수요되는 조건을 전략적으로 양보하는 방법

- 고객: 비싸다.
  - "비싸다고 생각을 하는 것은 당연합니다. 왜 그렇게 생각을 하시는지……?"

-"그래요? 다른 상품과 비교를 해 보셨는지…… 그 상품은 ＿＿한 문제를 해결해 주는지…… 이익을 제공해 주는지 ……."

-"어떤 조건이면 구입을 하시겠습니까?"

-"그럼 어떤 조건을 합의하면……."

-"＿＿한 문제해결과 이익이 있는데 투자를 연기……."

-"비교하시는 상품과는 달리 ＿＿한 이익을 갖고 있는데 ……."

-"장기적으로 보면 ＿＿한 혜택이 있는데……."

● 고객: 여유가 없다.

● "여유가 없는 것이 비용인지? 검토할 시간인지?"

● 비용이라면…….

  -"얼마면……."

  -"어떤 조건이면……?"

  -"＿＿한 이익을 생각하면 충분히 투자를……."

● 시간이라면

  -'언제 검토를 하는지? 누구? 어떻게?' 등을 파악

    -"검토시간을 줄여드리고자 제가 도와드릴 것은 없는 지……."

    -"구매 계획에는 있는지……."

    -'혹 ＿＿한 문제 때문에 바쁘시지는 않는지? 저희가 그

문제를 해결하는 데 도움을 줄 수 있는데…….”

　－“검토에 도움을 드리고자 자료를…… 간단히 설명을 위
　해…….”

● 고객: 더 싸지면 사겠다.
－“얼마를 기다리면 원하는 가격으로 내려갈지… 그때까지
　＿＿한 문제를 계속 안고 가는 것이 부담이…….”
－“왜 기다리는지.”
－“이익을 비교해 보면……. 따라서 ＿의 기간이 지나면 이익
　을…….”
－“나중에는 가격이 더 올라갈 가능성이…….”
－“그때까지 기다리는데 ＿＿＿한 비용이 지불되는데 …….”

● 고객: ○○○원이면 사겠다.
－“정말 그렇게 생각을…… ＿＿＿한 이익을 그 정도의 금액으
　로…….”
－“저도 그 가격이면 좋겠습니다. 솔직히 원하시는 가격을 알
　려 주시면 저희 회사도 연구를…….”
－“왜 그 가격을 원하는지…….”
－“그럼 ＿＿＿을 ＿＿＿게 해 주실 수 있는지?”→조건의 교환으
　로 접근, 가격의 수준에 맞춰 교환되는 조건도 파격적으로
　요구할 것

- 고객: 필요할 때 구입을 하겠다.

  - "그때가 언제가 될까요?"

  - "___한 문제를 당장 해결할 수 있는데… 계속 안고……."

  - "___한 이익을 보는데 연기를……."

  - "그때 가면 가격이……."

  - "___한 문제해결을 앞당긴다면 더 큰 이익이……."

- 고객: 담당자가 지금 없다.

  - "그럼 ___한 문제는 누가 담당을 하나요?"

  - "그분은 언제 만날 수 있을까요?"

  - "___한 문제에 대한 해결책을 말씀 드리고자…… 그분이
    계시지 않으면 누구와 이야기하면……."

- 고객: 상사와 상의를… 결정권자에게 보고를…….

  - "감사합니다. 상의를/검토를… 혹 어느 분이 또는 어느 부서
    에 결정권이……."

  - "언제 그 결과를 알 수……?"

  - "그분을 만날 수는……?"

  - "어떤 과정으로 구매결정이 이루어지는지? 누가 참여를 하
    는지?"

  - "상사가 결정할 때 주요 고려사항은?"

  - "무엇이 구매에서 중요한지?"

−"제가 어떻게 도와드리면 결제를 득하는데……."

−"제가 ＿＿게 도와드리면 어떨지?"

● 고객: 아직은 구입할 때가 아니다.

−"그럼 언제가 적당한 때라고……."

−"＿＿한 고민을 계속 안고……."

−"＿＿한 이익으로 직원들의 업무성과 향상을 빨리 보시는
것이……."

−"고객들이 ＿＿한 불만을 제기하는 것으로…… 그때까지 기
다릴까요?"

−"경쟁사는 앞서가는데…… 뒤에 처져서는……."

−"구매 계획에는 있는지?"

● 고객: 우리는 됐다.

−"실례지만 무엇이 되었는지? 특별한 이유가 있는지?"

−"그 말씀은 상품에 대한 불만입니까? 아니면 다른……."

−"제 설명이 부족…… 혹 궁금하신 점은……."

−"혹 이미 구매하셨는지…… 그렇다면 ＿＿한 것에 대해 알고
있는지."

−"그 공급업체는 ＿＿한 서비스를 제공해 주는지. ＿＿한 지
원을 해 주는지."

−"제 설명이 부족…… 간단히 정리를 하면/몇 가지 확인을

___을 ___한 문제해결과 ___한 이익을 …… 이해를 하셨
는지? 그래도 아니면 어떤 이유로……."

● 고객: 지금은 불경기라서…….

 -"미래 경쟁력을 위해 투자를…… 그리고 이 기업 정도면 미
  리 투자를……."

 -"몇몇 기업은 불경기를 타지 않은…… 그 이유 중 하나가 저
  희 제품을 통해 ___한 문제해결과 ___한 이익을 얻기 때
  문에…… 자료를 보시면……."

 -"혹 ___한 문제 때문에 경기가 좋지 않은 것은 아닌지……."

 -"고객들이 ___한 불평을 하지는…… 그것을 해결하는 것이
  불경기를 극복하는데…."

● 고객: 들어보지 못했다.

 -"죄송합…… 저희 홍보가 부족… 그럼 잘되었다고 생각
  을…… 잠시……."

 -"최근 시장/고객의 ___ 한 것에 대한 요구/불평이 나오고 있
  어서…… 기업들이 그 해결에 관심을…… 그래서 저희 제품
  이 인기를 얻고……."

 -"혹 ___한 문제는…… ___한 것 때문에 고민이…… 직원들
  이 불평을…… 것에 대한 해결책으로……."

- 고객: 관심 없다.
  - "왜 관심이 없으신지……."
  - "＿＿한 문제는 없는지?"
  - "＿＿한 혜택을 원하지 않는지?"
  - "혹 이 제품에 대해 기대하는 것이 있는지?"
  - "사용하신 경험 때문입니까? 그렇다면 구체적으로 왜? 아니면 애초에 관심이……."
  - 구매부라면 "구매 계획에 없어 관심이 없는 것인지?"

- 고객: 귀찮게 굴지 마라.
  - "죄송…… 제가 너무 진지해져서……."
  - "제가 너무 열정적이어서…… ＿＿한 문제해결이 가능한 것만을 기억해……."
  - "죄송합니다. 혹 ＿＿에 관심이 없으신지……."
  - 고객의 마음을 여는 대화로 전환하라.

- 고객: 신제품이 나올 때까지 기다리겠다.
  - "그렇습니까? 왜 신제품이 나올 때까지 기다리기로……? 특별한 이유가 있……?"
  - "신제품이 가격이 부담이 될 텐데…… 괜찮으시겠습니까?"
  - "혹 이 제품에 불만이라도……? 요구하시는 기능이……?"
  - "문제를 갖고 계신다는 말씀이신데…… 그 문제를 계속 안고

가는 것은 부담이……?”

- “만일 제품을 개발하신다면 어떤 수준이 되어야 할까요?”

- 고객: 보증 기간이 짧다.
  - “예 매우 중요합니다. 그 외 다른 문제는…….”
  - “그렇다면 보증 기간 문제만 해결이 되면…….”
  - “어느 정도를 원하시는지……? 그 이유는?”
  - “＿＿한 기능으로 이 제품은 ＿＿한 문제 발생이 현저히 낮기…… 이 자료를 보시면…… 그래도 보증기간이 짧다고…….”
  - “그럼 가격을 약간 조정할 수 있으신지? 그러면 보증기간을…….”

- 고객: 거래처를 바꾸기가 쉽지 않다.
  - “충분히 이해…… 그래서 저도 꼭 거래를 하고…… 지금 거래처의 조건 중 부담이 되는 것은 없으신지……?”
  - “제품/서비스에 대한 직원들이 반응은 어떤지……?”
  - “처음 거래를 한다면 무엇을 고려하고 바꾸고 싶은지?”
  - “만일 귀하가 공급업체라면 당신을 위해 무엇을 더 해 주고 싶은지?”
  - “누가 결정을 하는지?”
  - “이제까지의 거래 수준은?”
  - “＿＿한 문제 또는 비용이 발생하지는 않는지?”
  - “특별한 이유가 있는지?”

- 고객: 현장에서 말이 없다.
  - "구체적으로 어느 부서인지?"
  - "그럼 아직 구매계획에 없다는…… 그럼 누구를 만나야 하는지?"
  - "그들의 요구사항을 어떻게 파악하는지? 제가 도움을 드린다면……"
  - "누가 결정권을 갖고 있는지?"
  - "말이 없는 것이 만족해서 그런 것인지? 아니면……"
  - 대부분의 구매의사결정이 어떻게 내려지는지?

영업전문가는 고객을 만날 때는 자신이 제안하고자 하는 상품과 서비스의 가치를 명확하게 정의한 후 상담에 임해야 한다. 고객의 반응 이면의 이유를 파악하는 노력을 게을리해서는 안 된다. 고객의 어떠한 반응에도 일단 솔루션(이익, 문제해결, 사례 등)으로 반대와 거절을 극복하라.

몇몇 영업전문가들은 고객의 거절과 반대에 위의 대화기법을 활용하는 것에 대해 부정적인 시각을 갖고 있기도 하다. 그럼 어떻게 고객의 거절과 반대를 극복할 것인가? 접대로? 무조건 고객의 결정을 기다리는 것으로? 끈질기게 고객을 물고 늘어지는 것으로? 이러한 영업이 가진 한계는 충분히 설명하였다. 유능한 영업전문가라면 고급스럽게 그리고 유연하게 고객의 거절과 반대를 극복할 수 있어야 한다.

영업 커뮤니케이션 도구와 핵심스킬

Chapter 4. 영업 커뮤니케이션 도구와 핵심스킬

영업전문가는 자사의 상품과 서비스가 가진 솔루션의 가치를 고객에게 제안하고 고객을 설득하는 데 유용한 몇 가지 도구를 효과적으로 활용할 수 있어야 한다. 프레젠테이션, 제안서, 시연, 전문가 미팅 등이 그 도구들이다. 이번4장에서는 이 도구들의 가치와 수행기술에 대해 하나씩 알아보기로 한다.

① 단체 영업 커뮤니케이션(프레젠테이션 스킬)

1) 프레젠테이션이란?

일반적으로 프레젠테이션은 "당신이 가진 생각, 의견, 아이디어 또는 솔루션들이 상대방 또는 고객의 문제를 해결하고, 욕구(니즈)

를 충족하는 데 가장 적합한 것이라는 것을 다양한 시각자료와 매체를 통해 논리적으로 설득하는 과정과 그 과정을 마무리하는 커뮤니케이션의 한 형태이다"로 정의할 수 있다.

영업전문가가 수행하는 프레젠테이션은 영업상담의 확장된 영업 커뮤니케이션 방법이다. 참석자 수와 몇 개의 매체(컴퓨터, 프로젝트 등)를 갖고 공식적으로 고객의 다수 구매관계자들을 설득하는 영업활동이다. 즉 "자사의 상품과 서비스의 솔루션으로 고객이 가진 문제를 해결하고 욕구를 충족할 수 있는 방법을 사례와 근거자료를 다양한 매체를 통해 논리적으로 제안해 고객을 설득하는 영업활동의 하나"이다.

프레젠테이션의 수행능력은 영업전문가에게 매우 중요한 역량이다. 이 프레젠테이션은 자사의 솔루션뿐 아니라 고객의 비즈니스에 대한 이해 정도, 경쟁사의 역량분석과 차별화 요소 개발 등을 종합적으로 활용할 수 있어야 성공적인 결과를 가져올 수 있는 전체적인 비즈니스 지식과 능력을 요구한다. 영업전문가로서 최고가 되기 위해서도 반드시 필요한 능력이다. 프레젠테이션을 효과적으로 수행하기 위해서는 기본적인 지식에 연습을 통한 기술이 숙련되어야 한다. 여기서는 영업전문가가 반드시 알아야 하는 프레젠테이션의 기본지식과 연습에 필요한 시나리오, 프레젠테이션의 준비시트 등에 대해서 알아보기로 한다. 더 많은 지식과 방법들에 대한 학습을 원한다면 프레젠테이션을 정리한 전문서적을 참고하기 바란다. 이 책에 수록된 것은 프레젠테이션의 핵심만을 정리한 것이다.

2) 효과적인 프레젠테이션의 15요소

영업의 성과를 올리기 위해 영업전문가는 프레젠테이션을 준비할 때 다음의 요소들을 고려해야 한다.

① 철저한 준비를 하라. 프레젠테이션을 부드럽고 원만하게 진행하는 데 실패하는 원인은 무엇인가? 그 첫 번째 요인은 준비의 부족이다. 영업전문가는 계획된 프레젠테이션을 위해 철저한 준비를 하여야 한다. 준비에는 프레젠테이션을 하는 목적, 프레젠테이션 참석자들의 특성(업무, 지식수준, 경력 등)과 욕구, 고객들을 설득할 내용/정보의 수집 및 분석과 논리적인 가공, 프레젠테이션 매체의 선택, 프레젠테이션 유형, 장소, 시간, 시각자료의 준비 그리고 가장 중요한 것인 사전연습이 있다. 이 모든 준비를 영업전문가는 제대로 하여야 한다.

② 영업전문가는 자신이 전하는 메시지가 고객에게 중요하고 가치 있다는 신념(고객에게 최선의 솔루션이고 경쟁우위가 있나는)을 가져야 한다. 영업전문가 스스로 자신의 메시지에 확신이 없으면 열정적인 프레젠테이션을 할 수 없고, 따라서 고객을 설득할 수 없거나 설득이 어려울 것이다.

③ 영업전문가는 프레젠테이션의 목적을 분명히 하여야 한다.

프레젠테이션을 준비하거나 실시할 때 영업전문가는 프레젠테이션 목적을 잊어서는 안 된다. '이 프레젠테이션에서 내가 무엇을 원하는가? 나의 제안을 고객이 받아들여야 하는 근거가 분명한가? 이대로 진행한다면 나의 목적을 달성할 수 있겠는가?'라는 질문을 통해 프레젠테이션의 목적에서 벗어나지 않도록 주의하여야 한다.

④ 기본적인 메시지와 주요 요점을 일치시켜라. 영업전문가는 자신이 프레젠테이션에서 전하는 메시지와 중요한 요점들을 논리적으로 잘 구성하여야 한다. 프레젠테이션의 제목에서부터 도입(오프닝), 본론 그리고 마무리에 이르기까지 고객의 니즈 그리고 솔루션의 구조가 일관되고 일치될 때 설득력 있는 프레젠테이션이 가능하다.

⑤ 고객들을 분석하고 이해하라. 고객의 관심사 중심으로 메시지를 전달하라. 고객이 이해하는 단어와 용어를 사용하라. 프레젠테이션에 참석한 고객들은 '이것이 나에게 무슨 소용이 있을 것인가?'라는 의문을 갖는다. 따라서 고객들의 우선적인 필요성과 욕구를 안다는 것은 프레젠테이션의 목적을 훨씬 쉽게 달성하고, 고객들의 집중력을 유지하는 비결이다.

⑥ 중요한 요점 혹은 고객이 얻는 이익을 이야기하면서 시작하라. 영업전문가에게 주어진 프레젠테이션의 시간은 충분하지 않다. 대부분의 경우 20분 정도의 시간이 주어진다. 따라서 영업전문가는 프레젠테이션을 할 때 처음부터 중요한 요점(고객이 얻는 이익, 문제해결 중심으로)을 강조하면서 고객의 집중력을 끌어내

고 유지시켜야 한다. 이를 위해서 프레젠테이션의 제목부터 고객의 이익을 강조하는 것으로 만드는 것이 효과적이다.

⑦ 확실하고 명료하며 구체적인 자료를 통해 고객의 집중을 끌어내라. '어떻게 우리의 문제를 해결할 수 있지? 제시된 해결책을 어떻게 믿고 그 효과를 확신 할 수 있지?' 등은 프레젠테이션을 듣고 의사결정을 해야 하는 고객들이 가지는 당연한 의문이다. 프레젠터인 영업전문가는 적절한 사례와 보충자료로서 프레젠테이션의 참석자와 의사결정권자의 이러한 의심을 해소하고 그들에게 확신을 심어 주어야 한다. 이를 위해 기존 고객이 얻은 이익과 그 증거자료들을 다양하게 준비해 활용하여야 한다.

⑧ 프레젠테이션의 시각자료는 읽기 쉽고 이해하기 쉽도록 만들어야 한다. 프레젠터의 자신감 있고 확신에 찬 발표가 때때로 너무 복잡하거나 이해하기 어려운 시각자료로 인해 엉망이 되는 경우가 있다. 이래서는 안 된다. 전하고 싶은 내용이 너무 많을 경우, 핵심이 정확하지 않은 경우 프레젠터는 시각자료에 의존하게 되고 이것이 지나치게 신경을 쓰다 보면 프레젠터의 설명이 난해해지기도 한다. 이러한 상황이 발생하는 이유는 고객 중심의 프레젠테이션이 아니고 자사의 능력을 모두 나열해 고객을 설득하려는 자사 중심의 프레젠테이션을 하기 때문이다. 고객이 가진 니즈에 부합하는 솔루션, 자사의 능력만으로 명확하고 논리적으로 시각자료를 만들도록 하라.

⑨ 영업전문가는 효과적으로 프레젠테이션의 마무리를 하여야

한다. 영업전문가인 프레젠터가 가지는 어려움 중 하나는 발표를 마무리할 때이다. 결론을 내릴 시점이 다가오면 프레젠터도 고객도 다소 긴장감이 떨어진다. 이럴 때 유능한 프레젠터는 여유를 가지고 프레젠테이션의 목적과 고객이 얻는 이익을 자세하게 다시 한 번 강조해 줌으로써, 고객들의 기억을 상기시켜 주어 의사결정에 도움을 주는 프레젠테이션으로 마무리를 하여야 한다. 절대로 서둘러서 성급하게 결론을 내리지 마라. 프레젠터에게 할당된 시간 또한 최대한 활용할 수 있어야 한다. 더욱 좋은 방법은 프레젠테이션을 하는 중간중간 요지를 바꾸거나 다른 메시지를 전할 때 항상 앞의 핵심을 강조하는 중간 요약을 활용하라.

⑩ 연습을 하라. 무엇이든 연습하지 않고는 익숙해질 수는 없다. 특히 고객들 앞에서 발표하는 프레젠테이션의 경우 더욱더 많은 연습이 필요하다. 숙련된 프레젠터의 경우에도 충분한 연습을 한 후 고객들 앞에 선다. 연습이 많으면 많을수록 자신감과 확신을 갖고 프레젠테이션을 할 수 있다. 실제상황처럼 준비하고 연습하라. 그리고 머릿속으로 성공적인 프레젠테이션을 하는 자신의 모습을 상상하라. 프레젠테이션을 하는 동안 일어날 다양한 상황(특히 고객의 질문……)을 효과적으로 극복하기 위해서라도 충분한 연습이 절대적으로 필요하다. 영업전문가는 연습을 통해서 자신의 프레젠테이션 기술을 끊임없이 단련하여야 한다. 충분하고 반복된 연습만이 완벽함을 만드는 것임을 잊지 마라.

⑪ 영업전문가는 발표를 절제되고 잘 준비된 연기처럼 하라. 발

표하는 동안 고객의 관심을 지속적으로 끌어낼 수 있어야 한다. 너무 딱딱한 프레젠테이션은 고객을 긴장하게 만들어 오히려 집중력을 떨어뜨리기도 한다. 반면 너무 재미 위주의 프레젠테이션은 고객의 마음을 느슨하게 만들어 프레젠터의 메시지를 제대로 받아들이지 않을 수도 있다. 따라서 영업전문가는 적절한 긴장감을 조성하는 것이 좋다. 긴장감을 조성하는 방법은 고객의 현재 상황(경쟁사의 움직임, 시장과 산업구조의 흐름 등 고객이 처한 상황을 실제적으로 언급)을 논리적으로 강조하면 효과가 있다. 사람들은 지식의 습득과 기억은 논리적인 구성에 따르지만 설득당하는 것은 감성적인 부분이다. 영업전문가는 발표를 자연스레 진행하면서 고객의 감성을 자극할 수 있어야 한다.

⑫ 융통성과 유연성을 가져라. 상황에 따라 발표시간과 방법을 조정하라. 대부분의 프레젠테이션은 사전에 계획되고 예정된 대로 진행된다. 그렇지만 가끔은 예상하지 못한 상황이 전개되기도 한다. 참석자 수가 5~6명에서 10여 명으로 증가하거나, 프레젠테이션 시간이 30분에서 20분으로 줄어들거나, 예상하지 않은 고위직의 사람이 참석하는 경우와 반대로 참석하기로 되어 있던 의사결정권자의 불참 등의 변화가 일어나기도 한다. 영업전문가는 이러한 상황변화에 유연하게 대처할 수 있어야 한다.

⑬ 질문에 효과적으로 대처하라. 영업전문가가 준비된 발표를 마치고 마지막 마무리를 한다. 이때 고객 중 한 사람이 손을 들고 질문한다. 그 질문이 영업전문가가 충분히 대답할 수 있는 내용이

라면 다행일 것이다. 하지만 영업전문가가 잘 모르는 사안에 대한 질문이라면 곤란한 상황에 빠진다. 이것이 두려워 고객들에게 질문할 시간적인 여유를 주지 않는다면 영업전문가에게나 고객에게 부정적인 영향을 줄 수 있다.

⑭ 영업전문가는 자신의 목표를 잊지 말고 과정(준비~마무리)을 즐겨라. 프레젠테이션을 사람들과 주고받는 자연스러운 대화로 생각하라. 단체로 영업전문가가 상담 자리에서 일어나 일정한 시간 동안 고객에게 솔루션을 전달하는 것으로 생각하라. 특히 고객들이 분명한 욕구와 니즈를 갖고 있고, 영업전문가의 메시지가 그들이 욕구와 니즈를 채워 줄 수 있다면 고객도 영업전문가도 충분히 그 과정을 즐길 수 있을 것이다.

⑮ 지금 누군가를 무엇으로 설득하고 있음을 기억하라. 영업전문가는 고객들을 설득하기 위해 프레젠테이션을 한다. 당신의 커뮤니케이션 능력, 자료 준비 능력, 설득력, 자신감, 전문가로서의 능력 등을 총동원하도록 하라. 이러한 15가지의 원칙을 갖고 프레젠테이션을 준비하고 실행하도록 하라.

3) 프레젠테이션 성공 3요소

프레젠테이션 성공의 3요소는 다음의 그림과 같다.

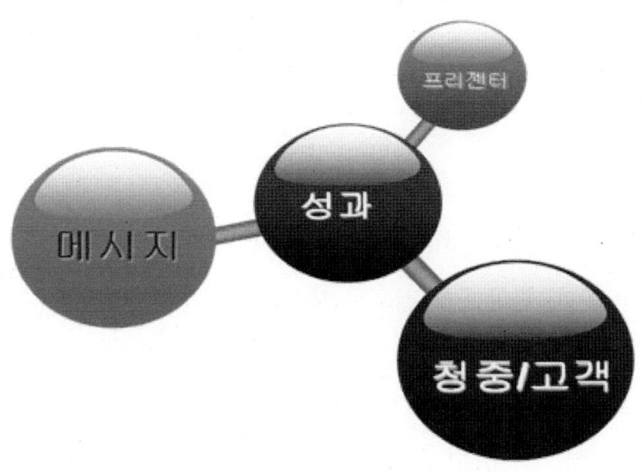

〈그림 4-1〉 프레젠테이션 성공 3요소

프레젠테이션을 진행하는 프레젠터인 영업전문가는 자신감과 자연스런 태도, 시선처리의 안정성, 자세 등을 전문가 수준으로 만들어야 한다. 그리고 메시지는 고객의 욕구와 고객의 비즈니스 중심으로 준비하여야 한다. 메시지에 대해서 완벽한 이해를 하여야 한다. 마지막으로 고객에 대한 분석을 통해 그들의 지식수준과 역할 그리고 니즈와 욕구를 파악해 맞춤식의 프레젠테이션을 진행하여야 성공률이 높아질 것이다.

(1) 프레젠터의 태도, 자세

영업전문가는 전무가로서 모습을 보여 주고 효과적인 프레젠테이션을 진행하기 위해 다음의 사항들을 지키고 습관화해야 한다.

- 바람직한 자세
  - 고개를 약간 위로 들고 턱을 앞으로 내민다.
  - 뺨에서 공기를 들이마시고 숨을 내쉰다.
  - 부드럽게 미소를 짓고 여유 있는 시선처리를 한다.
  - 어깨를 뒤로 젖히고 가슴을 내밀고 배를 끌어당긴다.
  - 두 손은 편안하게 옆으로 내린다.
  - 무릎을 편안하게 하고 다리를 꼬지 않는다.
  - 남녀 모두 발을 약간 벌려 선다.
  - 천천히, 깊게, 고르게 호흡을 한다.

- 유의해야 할 자세
  - 몸을 좌우로 또는 앞뒤로 자꾸 흔드는 행위
  - 단추나 옷 또는 넥타이를 만지작거리는 행위
  - 몸의 무게 중심을 이쪽저쪽으로 자꾸 옮기는 행위
  - 귀를 잡거나 이마를 문지르거나, 턱을 만지작거리거나, 머리를 쓰다듬는 행위
  - 머리카락을 뒤로 보내기 위해 머리를 갑자기 뒤로 젖히는 행위
  - 손가락으로 탁자를 톡톡 치는 행위
  - 손바닥으로 탁자의 가장자리를 문지르는 행위
  - 카드를 만지작거리거나 호주머니 속의 물건을 만지는 행위
  - 호주머니에 손을 넣었다 뺐다 하는 행위

-손을 비벼 대는 행위

-팔찌나 시계 등 장신구를 만지는 행위

-팔소매를 걷어 올리는 행위

● 제스처

-제스처는 팔 전체로 하라.

-제스처를 할 때는 크고 분명하게 하라.

-제스처는 언제나 완성하라. 동작을 중간에 멈추지 마라.

-크기와 빈도는 상황에 따라 달라야 한다.

-말과 타이밍을 맞추어라.

-내용의 흐름에 맞추어 적절하게 변화를 주어라.

-손과 팔을 다양한 각도로 움직여라.

-말하고 있는 내용과 일치시켜라.

-고객 조직의 문화적 특성을 고려하라.

● 시선

-설득력(침착하게 항상 누군가를 본다)

-1:1로 이야기하듯이(그룹 전체에게 이야기하지 않는다)

-[Look/보고]-[Smile/미소 짓고]-[Talk/이야기]

-중요한 메시지를 전할 때는 Key Man을 공략한다.

-[지그재그 시선법]-좌에서 우로, 우에서 좌로, 위에서 앞으로, 앞에서 뒤로

-[One Sentence, One Person]-하나의 문장을 말할 때 한 사람
  을 보라.

● 복장
  -전문가로부터 의상에 대한 조언을 받는다.
  -청중과 비슷한 옷차림을 한다.
  -너무 꼭 끼는 옷은 피한다.
  -짙은 색 정장이 무난하다.
  -흰색 셔츠나 블라우스
  -붉은색 타이나 스카프
  -깨끗한 구두
  -보석은 조금만
  -향수는 은은하게
  -검정색 고급 필기구를 갖춰라

● 목소리
  -사전에 훈련할 것
  -우물거리지 말 것
  -사이 음 '아', '음' 등의 사용에 주의할 것
  -단조롭게 말하지 말 것
  -다양한 억양
  -감정표현

　－강조할 때 다양한 표현을 사용할 것

　－조금 천천히 말할 것－실수 방지를 위해

　－쉴 때는 과감히 쉴 것

　－표현에 변화를 줄 것

　－과감하게 소리를 던질 것

● 발표를 할 때

－서두를 힘차게 시작한다.

－일화, 예화, 사례, 증거를 많이 활용한다.

－구어체를 쓴다. 대화하듯이 자연스럽다.

－시각적으로 묘사한다. 상상력을 자극해 설득력을 높인다.

－기쁘게 그리고 편안하게 말한다.

－긍정적인 표현을 쓴다.

－활기차게 말한다.

－진지하게 말한다.

－자신 있게 말한다.

(2) 고객 분석

영업전문가는 자신의 프레젠테이션에 참석하는 고객들의 성향과 직위, 경력, 지식수준, 구매에서의 역할 등을 중심으로 고객을 분석하여야 한다. 특히 고객사 내부 전문가(엔지니어, 기술전문가, IT 전문가 등)가 참석할 때는 더욱 용어와 시각자료, 메시지의 준비를 철저히 하여야 한다. 의사결정권자가 있다면 의사결정권자의 니즈(투자효율)를 핵심 메시지(제목, 솔루션의 이익 등)로 전달한다. 현장의 사용자 중심이라면 프레젠테이션 중 시연하거나 고객 중 일부가 직접 사용해 보도록 하는 방법을 활용할 수도 있다.

고객의 지식수준과 경험도 고려해야 하는 내용이다. 이를 위해 영업전문가는 사전에 영업파트너에게 프레젠테이션 참석자들에 대한 충분한 정보를 요청하는 것이 좋다.

(3) 메시지 준비

영업전문가는 고객의 니즈에 맞는 솔루션 중심으로 메시지를 준비하고 논리적으로 가공하여야 한다. 니즈와 솔루션에 대해서는 Chapter 2에서 알아본 구조대로 준비를 하면 된다.

고객이 상황에 대한 정보도 수집해 고객에게 구매의 필요성을 강하게 전달하는 메시지도 준비하면 효과가 있다. 프레젠테이션 메시지에 대한 자신이 부족할 때는 사내 전문가와 함께 준비를 하고 팀(발표는 영업전문가가, 고객의 질문은 사내 전문가가 하는 형식으로)을 갖추어 프레젠테이션을 할 수 있어야 한다.

4) 프레젠테이션 표현력 강화

영업전문가는 프레젠테이션을 진행하면서 다음의 표현들을 사용해 표현의 다양성을 갖추는 것이 좋다. 다양한 표현은 고객의 흥미를 끌고 집중시키는 효과가 있다.

- 설득할 때
  - 제안
    - 저는 _____을 제안합니다. 제의 제안은……
    - 저는 _____을 추천합니다. 저의 추천은……

  - 이익/차이
    - ……와 ……의 차이는 대단히 크다.
    - 유리한 점과 불리한 점은……
    - 한편으로는……. 다른 한편으로는……
    - 이것이 훨씬 ____보다 낫다.

  - 강한 선택
    - 우리는 선택의 여지가 없습니다……
    - 우리가 ____을 하지 않는다면 그 결과……
    - __혹은__, ___대신에 우리는……

  - 집중시킬 때
    - 내가 강조할 점은……
    - 저는 ……점을 강조합니다.
    - 저는 ……을 반복적으로 강조합니다.
    - 이것은 이해가 필수적인/결정적인 사항입니다.

- 목적을 강조할 때

  - 우리가 할 수 있는 것은…….

  - 우리가 좋아하지 않는 것은…….

  - 우리가 했어야 했던 것은…….

  - 진짜 중요한 것은…….

  - 우리가 함께 해결할 문제는…….

- 반복할 때

  - 이것은 매우매우 어려운 문제이다

  - 우리는 오래오래 이것에 대해 생각했다.

- 대조/대비

  - 어제는……, 오늘은…….

  - 실제는…… 사실은…… 분석

  - 한편으로는, 대비하면, 그러나, 그렇지만, 그럼에도 불구
    하고, ……와는 - 다른, 비교하면, 같은 방법으로, 유사
    하게, ……처럼, 추가해서, ……와 함께, 게다가

- 단순화

  - 정직하게 말해……, 솔직히 말해서……, 기본적으로……,
    단순화시키면……

- 신호 줄 때
  - 계속하면, 돌아가서, 요약하면, 확장하면, 덧붙이면, 다시 말하면, 바꾸어 말하면, 결론은, 좀 더 구체적으로……, 좀 더 자세히 말하면,

- 아이디어 흐름을 이야기할 때
  - 첫째, 둘째, 셋째…… 마지막으로……

- 아이디어 추가할 때
  - 그리고, 다시, 또한, 더해서, 부가하면, 더욱이, 다시금, 더군다나 등

- 방향을 전환할 때
  - 잠시 시각을 바꾸어……, 자 본론으로 돌아와서……

- 요약할 때
  - 신호 주기
    - 좋습니다. 이제 마무리할 단계이군요……
    - 맞습니다. 내가 ……에 대하여 하고자 하는 말은……
    - 그래서 그것이 내가 하고자 하는 말입니다.

- 요약하기
  - 요약하면……, 정리하면……, 마무리를 하기 전에 몇 가지……

- 결론을 내릴 때
  - 결론적으로 나는……, 다음과 같은 말을 하면서 결론을……, 마지막으로 강조할 것은…….

- 마지막 추천/제안하기
  - 그러므로 나는 ……을 추천……, 우리가 할 것은……
  - 따라서 오늘 발표 후 다음 단계로는……

- 지원/지지
  - 이제까지의 발표를 정리한 자료를…….
  - 자료와 발표내용에 대해서 필요하시면 이메일로…….
  - 추가적인 자료는 ____한 방법으로…….

- 종결
  - 집중해서 들어 주셔서 감사……, 경청을 해주셔서 감사……
  - 발표내용이 유익하고 도움이 되었기를……

- 질문요청

  - 어떤 질문이든 환영합니다. 질문 있습니까? 어떤 질문?

- 연결할 때

  - ……때문에, 그래서, 만일 ……이면, 그 결과로, ……따라
    서, 결과적으로 등

5) 프레젠테이션 준비

영업전문가는 프레젠테이션을 준비할 때 다음의 두 가지를 바탕으로 준비하도록 하라. 준비하는 방법을 알면 어떻게 준비해야 하는지도 알게 되고 프레젠테이션의 수행력 또한 올라갈 것이다.

(1) 프레젠테이션 아젠더

프레젠테이션 아젠더는 프레젠테이션을 준비할 때 가장 먼저 작성해야 하는 준비시트이다. 영업전문가는 아젠더를 준비하면서 프레젠테이션의 성공 여부를 판단할 수도 있다. 아젠더를 통해 영업전문가가 고객의 니즈를 얼마나 정확히게 파악하였는지, 솔루션 준비의 정도, 고객의 비스니스 상황과 구매의 필요성 등이 자세히 정리할 수 있다면 그 성공률이 올라갈 것이기 때문이다.

이 아젠더의 항목 하나하나를 확인히도록 하라. 영업전문가가 파악할 수 없는 내용은 고객에게 요청하라. 고객이 주는 답의 수

준에 따라 고객 입장에서의 프레젠테이션의 중요성을 판단할 수 있을 것이다. 고객이 요청한 정보를 주지 않는다면 왜 그런지 그리고 혹 들러리는 아닌지 현명하게 판단할 수 있어야 한다.

<table>
<tr><td>□회사명:</td><td>담당자:</td><td>전화:</td></tr>
<tr><td colspan="3">□주제(고객의 상황, 필요성, 배경):</td></tr>
<tr><td colspan="3">□프리젠테이션 제목=고객이 얻는 이익:</td></tr>
<tr><td colspan="3">□목적, 고객의 니즈, 문제: 업무, 조직적 니즈</td></tr>
<tr><td colspan="3">□1.　　　　2.　　　　3.　　　　4.</td></tr>
<tr><td colspan="3">□솔루션(니즈에 대한 해결책);</td></tr>
<tr><td>□회사:</td><td>상품;</td><td></td></tr>
<tr><td colspan="3">□날짜/시간</td></tr>
<tr><td colspan="3">□참석자 "　　　　명/ 남(　　) 여(　　)</td></tr>
<tr><td colspan="3">관심사항(개인 니즈) "　　　　직위 "　　　　교육:</td></tr>
<tr><td colspan="3">□장소: ○○○기업 회의실</td></tr>
<tr><td colspan="3">□사용 기자재:</td></tr>
<tr><td colspan="3">□기타 필요한 기자내:　　　　□소프트웨어 종류</td></tr>
<tr><td colspan="3">□유인물 형식: 논문식(　　)　　　　프레젠테이션 평식(　　)</td></tr>
<tr><td colspan="3">□원고 마감일:</td></tr>
<tr><td colspan="3">□발표형태: 개인(　　)　　　　팀(　　)</td></tr>
<tr><td colspan="3">□필요한 정보: 사내 -</td></tr>
<tr><td colspan="3">사외 -</td></tr>
</table>

〈그림 4-2〉 프레젠테이션 아젠더

(2) Blank Chart

Blank Chart는 아젠더를 바탕으로 프레젠테이션의 청사진을 그리는 것이다. 이 차트는 프레젠테이션 시작자료의 구성 순서가 된다. 다음의 그림이 Blank Chart이다. 영업전문가는 아젠더 작성 후 이 차트를 만들면 된다.

<table>
<tr><td>●표지/제목</td><td>●소개/자격 등</td><td>●배경

●목차/구성
(기대, 가치들)</td><td>●목차, 구성 1
주장;

배경;

솔루션;

기대이익;

근거, 사례;

행동;</td></tr>
<tr><td colspan="2">●목자, 구성2
주장;

배경;

솔루션;

기대이익;

근거, 사례;

행동;</td><td colspan="2">●목차, 구성 2-1
주장;

배경;

솔루션;

기대이익;

근거, 사례;

행동;</td></tr>
</table>

●목차, 구성3 주장 배경; 솔루션; 기대이익; 근거, 사례; 행동;	●마무리 마무리 도입; 요약; 주장; 결론; 청중이 얻는 이익; 질의응답 경청 반복 답변 확인	●최종 마무리 청종이 얻는 최종이익; 행동, 의사결정 촉구;

<그림 4-3> 프레젠테이션 Blank Chart

- 표지와 제목은 고객이 영업전문가의 제안을 받아들였을 때 얻는 경영니즈의 충족 모습(___기업의 원가절감 방안, 고객 만족 향상 전략 등)으로 표현한다. 절대로 자사의 상품 소개, 설명 등으로 표현하지 않도록 하라.

- 소개, 자격은 영업전문가가가 자사의 역량을 소개하는 메시지로 이번 프로젝트와 관련된 대표적인 성과를 중심으로 간략하게 소개한다.

- 배경은 고객이 가진 경영목표와 경영환경, 경쟁사 동향, 시장과 고객의 고객 트렌드 등을 중심으로 고객이 구매를 해야 하는 필요성과 이유를 논리적으로 정리한다. 이 단계에서 영업전문가가 가진 고객 비즈니스에 대한 지식의 정도를 가늠할 수 있다.

- 목차, 구성은 고객이 경영목표인 제목의 이익을 달성하기 위

해 해결할 문제 또는 영업전문가가 자신의 제안으로 해결할 수 있는, 해결할 필요가 있는 고객의 업무문제, 업무니즈를 정리한다.

- 다음으로는 각 업무문제를 해결하는 솔루션을 정리한다. 주장은 업무문제를 강조하고 이유는 그 문제를 해결해야 하는 필요성을 언급한다. 그 다음으로 솔루션을 정리하면 된다. 이 단계가 본론이다. 다양한 사례, 자료, 체험 등의 도구와 방법을 활용하도록 하라. 이 단계에서 프레젠테이션의 시간을 결정한다.

- 마무리에서는 다시 한 번 고객이 얻는 경영이익(경영니즈의 충족)과 해결하는 문제(업무니즈)를 강조하면서 마무리한다. 이때 영업전문가는 여유를 갖고 질의응답을 진행할 시간을 준비하고 예상 질문과 답변도 준비한다.

- 최종 마무리를 하면서 고객의 경영이익을 다시 한 번 강조하면서 의사결정을 촉구할 때 사용할 방법을 정한다.

6) 프레젠테이션 마무리와 질의응답

(1) 마무리

마무리는 영업전문가가 고객에게 의사결정을 촉구하는 방법이다. 영업전문가는 프레젠테이션의 막바지에서 고객에게 강력한 메시지로 고객을 설득할 수 있어야 한다. 발표 시간이 다 지났다는 안도감으로 마무리를 대충해서는 안 된다. 그리고 고객이 자신의 발표를 모두 기억하고 스스로 영업전문가가 원하는 결론을 내릴 것이라는 기대해서도 안 된다. 명확하게 고객에게 요구하는 행동을 요청해야 한다. 여유를 갖고 충분하게 고객의 이익과 고객이 해야 하는 행동을 강조하면서 마무리하도록 하라. 다음이 그 방법이다.

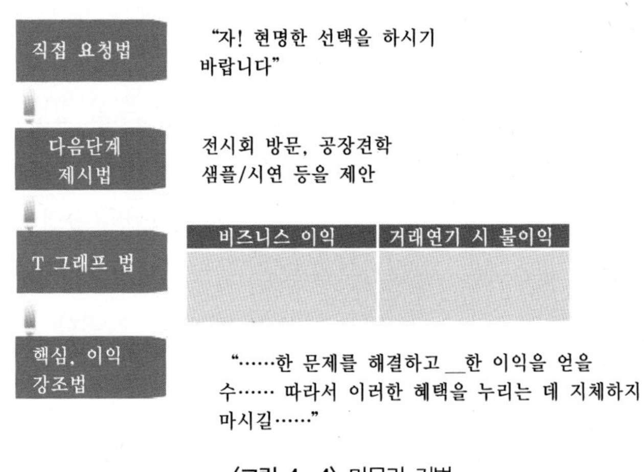

〈그림 4-4〉 마무리 기법

(2) 질의응답

질의응답은 영업전문가가 마지막으로 넘어야 하는 고비이다. 고객은 다양한 이유(잘 몰라서, 앞의 내용을 기억할 수 없어서, 자신의 지식을 자랑하고자, 영업전문가의 능력을 확인하고자 하는 의도 등)로 질문한다. 이 고객의 질문을 영업전문가는 지혜롭게 처리할 수 있어야 한다. 심지어는 영업전문가가 대답하기 곤란한 개인적인 질문을 하기도 한다. 어떠한 질문에도 프레젠터는 흔들려서는 안 된다.

질의응답의 기본은 어떠한 질문이든 고객의 질문을 그냥 흘려듣거나 무시해서는 안 된다는 것이다. 영업전문가는 다음의 방법으로 질의응답을 할 수 있어야 한다.

- 질문을 받는다. 그리고 인정해 준다. 이는 고객의 말을 경청하고 있음을 알리는 방법이다.
  - "참 좋은 질문입니다."
  - "훌륭한 질문입니다."
  - "핵심을 강조하는 질문입니다."

- 질문을 반복한다.
  - "지금 ___한 질문이 나왔습니다."
  - "지금 질문은 ___이 궁금하다는 것이지요?"

- 질문을 반복하는 이유
  - 질문을 다른 참석자들과 공유함으로써 동일 질문이 다시 나오는 것을 방지한다.
  - 질문의 내용에 따라 참석자들의 주의 집중을 끌어낼 수 있다.
  - 고객이 질문에 대한 답을 찾는 데 여유를 가질 수 있다.

- 질문에 답변한다.
  - "지금 질문에 대한 답으로……"
  - "그럼 답변을 하겠습니다. 저희는……"
  - "그 질문에 대한 답은 앞의 ___부분에서 강조하였으므로 다른 질문으로 ……" 혹은 "제가 배부해 드린 자료의 ___ 페이지를 보시면……"

- 곤란한 질문: 개인적인 질문 혹은 가격 등을 언급할 때
  - "지금 질문은 개인적인 것이므로 발표를 마친 후……"
  - "오늘 주제와는 관련이 없는 질문이기 때문에……"
  - "그 부분은 협상과 관련된 내용으로 여기서 공개적으로 말씀드리기에는……. 따로 협상을 하면서……" → 영업전문가에게 유리한 조건에 대한 질문은 그 자리에서 승인함으로써 공식화한다.

7) 프레젠테이션 시나리오 만들기

영업전문가가 프레젠테이션을 수행하기 위해 위의 아젠더, Blank Chart 등으로 준비를 마쳤다. 그 다음으로는 실제 프레젠테이션을 전개하기 위한 시나리오를 만들어야 한다. 이 시나리오는 프레젠테이션의 실제 메시지를 준비하고 구성하며 고객에게 전달할 표현 단어를 하나하나 정하는 것이다.

다음의 구조가 프레젠테이션 시나리오의 구조이다. 프레젠테이

션 시나리오는 오프닝-본론-마무리 세 요소로 구성된다. 각각
의 요소를 전달하는 뼈대는 다음 <그림 4-5>에 설명되어 있다.

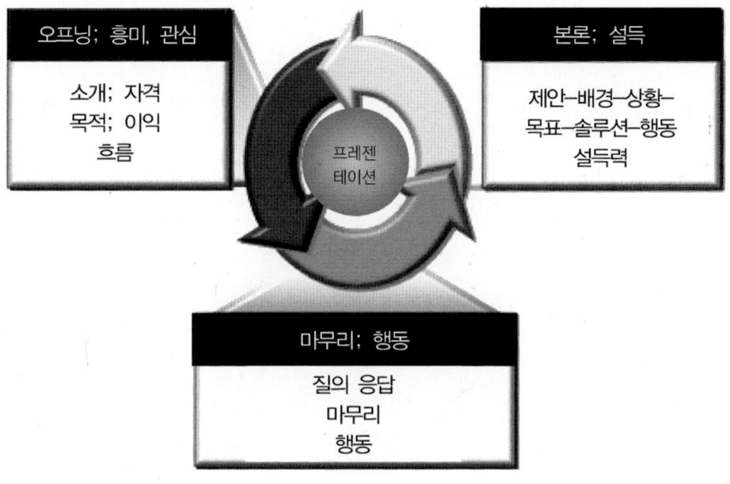

〈그림 4-5〉 프레젠테이션 시나리오 구조

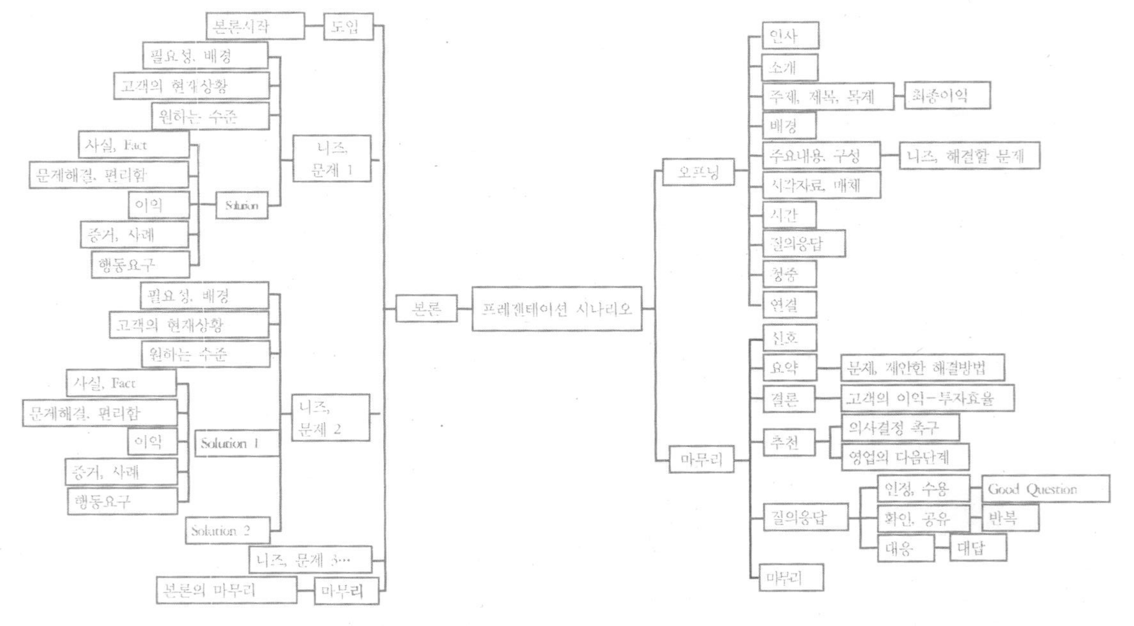

〈그림 4-6〉 프레젠테이션 시나리오 세부구조

위의 그림이 프레젠테이션 시나리오의 세부구조로 영업전문가가 살(단어)을 붙일 뼈대이다. 효과적인 프레젠테이션을 위해서는 우선 이 뼈대를 기억하여야 한다. 어떤 살을 붙일 것인가는 그 다음의 문제(고객에 따라, 솔루션에 따라 달라진다)이다. 그리고 이 뼈대에 붙일 살은 솔루션과 앞의 다양한 표현에서 나와 있다. 각 뼈대에 대해 하나씩 알아보기로 한다.

(1) 오프닝

오프닝은 말 그대로 프레젠테이션의 시작을 알리는 단계이다. 오프닝은 고객의 흥미와 관심을 끌어내 프레젠테이션에 집중하도록 하는 것이 목적이다. 그리고 영업전문가의 전문성과 준비됨을 알리는 기회이기도 하다. 효과적이고 힘이 있는 오프닝을 통해 프레젠테이션의 성공가능성을 높일 수 있을 것이다. 다음과 같이 시나리오 뼈대에 적절한 단어로 살을 붙여 오프닝을 완성하도록 하라.

- 인사
  - 말 그대로 프레젠터로서 영업전문가가 고객과 첫 만남에서 인사하는 것이다. 정중하고 차분하게 인사하되 말과 인사를 동시에 하지 말고 인사를 한 후 "안녕하십니까!" 등의 말을 하도록 하라. 아님 말로 인사한 후 행동으로 인사하도록 하라. 그리고 고객이 박수를 치는 등의 반응을 유도하기 위해 잠시(1~2초) 멈추는 것이 좋다.

- 소개
  - 영업전문가의 소속과 조직을 소개한다. 이때 회사의 소개는 이번 프레젠테이션과 관계된 사례와 조직의 역량 중심으로 간략하게 소개한다.

- 주제, 목적→최종이익
  - 고객이 영업전문가의 제안을 받아들여 비즈니스를 시작하면 고객이 얻는 최종이익, 경영니즈의 충족 모습을 제목으로 정하고 이 단계에서는 그것을 다시 한 번 강조한다.
  - "오늘 프레젠테이션의 목적은 ○○기업의 고객만족을 통한 이익창출의 방법을……."

- 배경, 필요성
  - 여기서는 고객사의 경영환경과 경쟁사 동향, 산업의 트렌드 등을 고객에게 맞게 3~4개 정도 정리해 강조한다.
  - 고객이 프레젠테이션을 듣거나, 영업전문가의 제안을 수용해야 하는 이유와 가치를 언급한다.
  - "최근 ○○기업의 경쟁사는……, 그리고 고객은 더욱 전략적인 구매행동을 ……. 따라서 ○○기업도 이러한 변화에 대응하고……."

- 주요내용, 구성→업무니즈, 해결할 문제
  - 프레젠테이션의 목적달성을 위해 해결한 문제, 고객의 업무 니즈, 솔루션의 종류를 강조한다. 각각에 대한 설명은 본론에서 진행할 것이므로 여기서는 제목만 강조한다.
  - "따라서 오늘 프레젠테이션은 총 4개로 구성…… 첫째는 원가절감을 통한……, 둘째는 품질향상을 통한 고객만족의 강화……, ……."
  - 경험이 적은 영업전문가는 여기서 고객의 반응이 좋지 않으면 당황해 본론에서 할 이야기를 하는 경향이 있다. 고객의 흥미를 끌어낼 충분한 시간이 뒤에 있으므로 여기서는 핵심만 강조하도록 하라.

- 시각자료
  - 특별한 시각자료나 고객이 프레젠테이션 중간에 참여할 수 있는 기회가 있으면 사전에 알리는 것이 좋다.
  - 시연, 체험, 시각자료로서 동영상 등을 강조한다.
  - "오늘 그 이해를 돕고자 중간에 직접 샘플로 시연을…… 이를 통해 보다 사실적인 이익을 경험……."

- 시간
  - 프레젠테이션의 발표 시간을 확인하고 알리는 단계이다.
  - "오늘 프레젠테이션은 총 20분간 진행을……."

- 질의응답
  - 고객의 질문을 프레젠테이션 중간에 받든 마무리 단계에서 받든 이것은 영업전문가의 재량이다. 하지만 고객은 자신이 궁금해하는 사안을 확인할 수 있는 기회를 알고 싶어 할 것이므로 미리 그 방법을 알려 주는 것이 좋다.
  - "오늘 발표에 대해 궁금하신 점이 있으시면 따로 질의응답 시간을 드릴 것입니다. 그때……"

- 청중
  - 청중에 대한 칭찬이나 덕담을 한마디 던진다.
  - 지나친 유머는 자제하도록 하라. 유머 때문에 발표 시간을 소비해서는 안 된다.

- 연결
  - 오프닝을 마무리하고 본론을 시작한다는 신호를 보내는 것이다.
  - "그럼 본론으로 들어가도록 하겠습니다." "우선 솔루션 중 첫째로……"

영업전문가는 위의 오프닝 멘트를 1분에서 1분 30초 정도로 마무리할 수 있어야 한다. 훈련과 교육을 해 본 결과 이 정도의 시간이면 충분하다. 따라서 오프닝에서 너무 많은 말을 하거나 정보를 두서없이 나열식으로 말하지 마라.

오프닝에서는 고객들의 반응이 적극적으로 나오지 않는다. 이는 고객들도 약간은 긴장을 하고 있고 영업전문가의 비즈니스 능력과 프레젠테이션 능력(자신들의 문제와 솔루션의 연결 수준 정도)을 잘 모르기 때문이다. 따라서 오프닝의 목적만 달성한다는 생각으로 (설득은 본론에서 충분한 시간으로 가능하므로) 간단하면서도 전문적인 느낌을 갖도록 진행하도록 하라.

(2) 본론

본론은 말 그대로 프레젠테이션의 핵심으로 고객들을 설득하는 것이 목적이다. 영업전문가는 이 본론에서 고객의 니즈를 충분히 충족시켜 주어야 하고, 고객의 신뢰를 얻기 위해 다양한 사례와 자료 등으로 내용을 채워야 한다. 필요하다면 직접 체험을 하도록 할 수도 있다. 사진이나 동영상으로 된 기존 고객의 사례들로 설득력을 강화할 수도 있을 것이다. 이 본론은 오프닝의 구성을 하나씩 세부적으로 전달한다.

- 제안
  - 영업전문가의 솔루션 제목 혹은 고객이 해결할 문제
  - 두세 개를 묶지 말고 하나씩 구체적으로 강조하라
  - 오프닝 구성의 하나

- 배경, 필요성
  - 왜 고객이 이 문제를 해결해야 하는지, 왜 솔루션을 검토해
    야 하는지를 강조

- 고객의 현재 상황
  - 고객의 현재 상황, 처한 환경을 강조

- 원하는 수준
  - 고객이 원하는 문제해결의 모습을 강조

- 해결방법인 솔루션(제품지식)
  - 사실: SPEC
  - 문제해결
  - 이익
  - 근거, 사례

- 행동요구
  - 고객이 위의 이익을 위해 해야 하는 행동을 언급한다. 각각
    의 솔루션에 대해 행동을 요구할 수도 있고 본론의 요약에
    서 필요한 행동을 제안할 수도 있다.

본론이 프레젠테이션의 핵심이듯이 영업전문가는 최선의 준비

로 고객의 니즈를 충족시켜 고객의 의사결정에 영향력을 미쳐야
한다. 충분한 시간의 기준은 없지만 제대로 준비한다면 20분 정도
의 시간이면 충분할 것이다.

(3) 마무리

마무리는 오프닝과 다르게 고객의 행동을 촉구하는 것이 목적
이다. 본론에서 설득을 위해 다양한 사례와 근거를 들어 설명하였
다. 고객들도 자신들이 가진 문제를 해결하고 목표달성의 가능성
을 판단한다. 어떤 의사결정을 해야 하는지 의문을 가진다. 심지
어는 결정을 망설이기도 한다. 이때 영업전문가는 자연스레 고객
이 얻는 이익을 다시 강조하면서 고객이 해야 하는 행동(구매 의
사결정 혹은 다음의 영업단계 약속 등)을 촉구한다. 그리고 고객
이 가진 의문 혹은 궁금증을 해결해 주어야 한다. 다음의 표현을
참고하여 확신을 주는 마무리를 하라.

- 요약
  - 본론의 주요 구성을 강조한다.
  - "이상으로 ○○기업의 고객만족을 위한 4가지 원가절감, 품
    질향상 ……에 대한 솔루션을 몇몇 사례를 들어 말씀을……."

- 결론
  - 고객의 경영이익을 강조한다.

-"이 4가지의 문제를 ___한 수준으로 해결함으로써 기업의 고객만족과 이익창출이라는 목표달성이 가능……"

- 추천
  - 고객의 행동을 요구
  - 영업전문가의 다음 영업단계를 제안
  - "그럼 지혜로운 결정을 기대……"
  - "저희는 다음 단계로 사용자들에게 ___한 방법으로……"

- 질의응답
  - 질의응답의 시간은 반드시 갖도록 하라.
  - 질의응답은 앞에서 강조한 방법으로 진행한다.

- 마무리
  - 질의응답이 끝나면 영업전문가는 최종적으로 프레젠테이션을 마무리한다. 그냥 "이상으로 프레젠테이션을 마치겠습니다. 감사합니다"라고 하지 마라.
  - 고객이 얻는 이익을 재차 강조하면서 마무리하라. 가능하다면 고객이 얻는 이익을 시각자료로 보여 주면서 마무리하는 것도 좋은 방법이다.

앞에서도 언급하였지만 프레젠테이션은 영업전문가가 갖추어야 하는 중요한 대고객 커뮤니케이션 능력이다. 개인적인 경쟁력 강화를 위해서도 반드시 이 능력을 쌓고 강화하도록 하라. 기회가 있을 때마다 연습하도록 하라. 연습을 통해 완벽한 기술로 만들어야 한다.

❷ 제안서 및 카탈로그 중심의 영업 커뮤니케이션

제안서 및 카탈로그는 영업전문가들이 가장 많이 활용하는 영업의 도구이다. 문제는 이 제안서와 카탈로그가 고객 중심이 아닌 영업전문가 중심 혹은 SPEC 중심(고객이 제안서나 카탈로그를 검토해야 하는 이유가 부족한)이라는 것이다. 영업전문가가 고객에게 제공하는 이 두 가지 효과(고객을 설득하는)가 떨어지는 이유이다. 여기서는 제안서와 카탈로그의 영업효율을 올리는 방법을 알아본다.

1) 제안서

제안서는 글로 표현된 상품과 서비스의 솔루션으로 고객을 설득하는 중요한 도구이다. 많은 영업전문가들이 고객을 만날 때 제공하는 제안서는 카탈로그 내용과 별반 다른 것이 없다는 것이 문제이다. 진정한 제안서는 고객의 니즈에 맞는 제안서로 고객이 기꺼이 구매를 위해 검토하는 제안서가 되어야 한다. 제안서에는 고객이 현재 고민 중인 조직의 문제와 해결책 그리고 그 이익이 강조되어야 한다. 제안서를 영업도구로 효과적으로 활용하는 방법에 대해 알아보도록 한다.

- 기업고객이 제안서를 요구하는 이유
  - 구매프로세스의 가동과 목적달성을 위해-경쟁입찰, 등
  - 복잡성의 증가: 정보의 과다, 선택의 어려움, 구매결정의 모호성과 위험을 감소시키기 위해
  - 경쟁의 치열: 인맥 중심의 구매→경쟁체제로의 전환을 위해→목적은 구매비용의 절감을 위해
  - 의사결정의 집단화: 구매관계자의 다양한 기대치, 책임범위, 니즈의 다양화, 구매관계자의 다양화→구매담당자는 견적서를, 현업사용자는 제안서를 요구
  - 정확한 비용 산출의 필요성: 투자효율을 올리기 위해 제안서를 요구한다. 영업전문가는 자신이 제공하는 제안서가 위의 고객의 요구사항과 일치하는 제안서를 작성할 수 있어야 한다.

- 영업전문가가 제안서를 작성할 때 저지르는 실수 7가지
  - 고객의 비즈니스와 이익에 초점을 맞추지 못한다. 누구에게나 적용되는 일반적인 내용만 담는다.→카탈로그의 다른 형태
  - 설득력 없는 구조로 일관한다. 정보더미가 된다. SPEC 중심이다.

- 경쟁자와 차별화가 되지 않는다.
- 강력한 가치 제안을 하지 못한다.
- 핵심사항이 묻혀 있다. 강력한 주장도 하이라이트 부분도 없다.
- 전문용어가 가득하거나 너무 길어서 읽기가 어렵다.
- 신뢰성을 손상시키는 요소(오자, 탈자, 엉뚱한 이름 등)가 가득하다.

- 제안서에 대한 패러다임 혁신
  - 제안서는 가격 목록표, 견적서가 아니다.
  - 제안서는 물품목록, 프로젝트 기획, 영업업무영역서가 아니다.
  - 제안서는 회사 연혁서가 아니다.

제안서는 비즈니스문서이고 역할은 고객에게 자사의 솔루션 가치를 제안하고 설득하는 문서로 된 설득 도구이다.

따라서 좋은 제안서는 고객에게 영업전문가를 자신에게 필요한 (니즈를 충족시켜 주는) 상품, 서비스를 제공해 주는 공급자로 확신을 줌으로써 돈을 벌 수 있도록 해 준다.

- 제안서가 영업전문가에게 미치는 영향
- 팔리도록 돕는다.
  - 가격 이 아닌 가치를 판매하도록 돕는다.

- 구매관계자들의 결정을 지원한다.→만나지 않고도 의사결
    정을 촉구한다.
  - 영업전문가의 경쟁력과 전문성을 입증한다.
  - 일괄솔루션을 공급하도록 한다.-더 큰 거래를 가능하도
    록 한다.
  - 현명한 구매자를 얻는다.
  - 비전문가에게도 판매를 가능하게 한다.
- 강력한 설득의 도구가 된다. 고객의 니즈 중심으로 기업/상
  품의 장단점을 열거해서 장점을 부각, 단점을 무력화 또는
  보완해 준다.
- 고객에게 긍정적인 영향을 미친다. 장기적인 비즈니스 관계
  를 고려하게 한다.

효과적인 제안서를 작성하기 위해서는 다음의 시트를 활용하도
록 하라.

고객의 상황 – 경쟁환경, 고객의 고객 트랜드와 요구, 고객의 경영목표, 해결할 문제 등		제안서 제목: 고객의 상황에서 유추→고객이 지시와 비즈니스를 통해 얻는 최종이익	구성/목차: 고객의 니즈, 해결할 문제
고객 니즈/문제해결에 대한 지시의 솔루션	니즈/문제 1: 솔루션 Fact 문제해결, 혜택 근거, 사례 이익(니즈 1의 해결)	니즈/문제 2: 솔루션 Fact 문제해결, 혜택 근거, 사례 이익(니즈 1의 해결)	니즈/문제 3: 솔루션 Fact 문제해결, 혜택 근거, 사례 이익(니즈 1의 해결)

<그림 4-7> 제안서 준비

영업전문가는 영업활동을 통해 고객의 니즈를 파악해 고객에 맞는 제안서를 준비하여야 한다. 만일 고객이 먼저 제안서를 요청하였을 경우에는 "고객이 제안서를 요구하는 이유? 제안서를 누가 검토할 것인가? 그 사람/부서가 제안서를 요구하는 구체적인 이유?" 등을 파악하는 질문을 하도록 하라. 이 질문에 고객이 긍정적인 답을 하고 반응을 보이면 제안서를 작성하는 데 시간과 노력을 투자할 가치가 있나. 만일 고객이 "왜 그러한 것을 묻는가?"라는 질문을 하면 "고객에게 맞는 제안서를 제공하고자 한다"고 답하라. 고객이 "그냥 귀사의 표준제안서를 달라"고 하면 검토의 가능성이 낮다. 카발로그 수준의 제안서를 보내면 된다. 이때에도 한 번 더 질문을 시도해 보고 고객의 반응에 따라 대응하도록 하라.

영업활동을 하면서 영업전문가는 항상 고객의 니즈(자신의 상품과 서비스를 구매해야 하는 고객의 내외부적인 이유)를 명확히 파악하여야 한다. 처음 만나는 고객이든 여러 번 만난 고객이든 이 니즈에 대해서 영업전문가는 완벽하게 이해하고 파악하는 데 영업활동의 에너지를 집중할 필요가 있다.

영업전문가는 고객을 위해 준비한 제안서를 고객에게 전달만 해서는 안 된다. 고객이 제안서를 검토하도록 핵심(고객이 얻는 이익, 문제해결, 제안서에 삽입된 사례 등)을 강조하도록 하라.

고객의 상황은 고객이 속한 산업의 구조, 거시환경의 변화, 고객의 경영목표 또는 전략들에 대한 정보를 논리적으로 준비한다. 그래서 고객의 필요성을 자극하고 영업전문가가 고객의 비즈니스에 대해 얼마나 잘 이해하고 있는지의 전문성을 보여 준다. 이 내용을 토대로 제안서의 제목을 매력적으로 뽑도록 한다. 구성은 제목의 이익을 고객이 얻기 위해 해결해야 하는 문제를 정리한다. 이 구성이 솔루션이다. 이 구성의 모든 내용은 영업전문가의 제품과 서비스로 해결할 수 있어야 한다.

2) 제안서의 구조

영업전문가는 위의 시트에서 파악하고 준비한 내용을 다음의 순서로 제안서를 작성한다.

(1) 표지 ⇒ 제목은 고객이 얻는 최종이익으로..

(2) 목차

(3) 도입배경과 필요성

(4) 구성: 고객이 해결해야 하는 문제, 영업전문가가 해결할 수
있는 문제

(5) 자사의 역량: 이번 제안서와 관련 있는 자사의 역량과 연혁,
자료

(6) 본론: 각 문제의 해결방법과 사례

－문제

－SPEC 중 문제해결에 요구되는 조건, 성능, 기능

－문제해결의 이익

－사례: 증거, 사진, 통계자료 등

(7) 요약/마무리

3) 카탈로그 중심의 커뮤니케이션

영업전문가는 자사의 카탈로그를 고객에게 제공할 때 이 카탈
로그가 고객을 설득하는 데 한계가 있음을 분명히 알아야 한다.
따라서 카탈로그로 상담을 전개할 때는 다음의 순서로 전개하여
설득의 가능성을 올리도록 하라. 일단 고객이 상담에 흥미를 갖도
록 유도하는 것이 중요하다.

<표 4-1> 카탈로그 상담 기법

순 서	내 용
배경	→ 고객을 가망고객으로 선정한 이유 → 고객의 정보, 상황, 경영환경 등을 강조한다.
가치제공	→ 영업실무자가 제안하고자 하는 고객의 문제해결과 이익을 강조
특징	→ 간단하고 흥미로운 SPEC 및 가지를 강조 → 여기서 카탈로그 설명
근거, 사례	→ 기존 고객의 사례, 증거를 설명. → 사례를 별도로 준비
욕구파악	→ 고객의 상황, 니즈 파악 질문
영향파악	→ 고객의 문제 니즈가 업무와 업무목표에 미치는 영향 → 해결 후의 기대 이익 파악
이익공유	→ 고객과 합의한 이익, 고객이 동의한 이익
의사결정 촉구	→ 영업의 단계 제언, 약속확인

❸ 전문가 미팅 및 시연, 데먼스트레이션 스킬

[영업전문가가 고객과 상담을 하고 있다. 그때 고객이 "이 제품의 특정 성능에 대해서는 품질부 담당자가 검토해야 할 것 같다"고 하면서 품질부의 직원을 부른다. 품질담당 직원은 영업전문가의 설명을 듣던 중 까다로운 질문을 한다. 영업전문가는 대답할 수가 없다. 한 번도 듣지 못한 질문이고 이제껏 이런 경험이 없었기 때문이다. 그때 영업상담을 하던 고객은 이 부분이 해결되지 않으면 곤란하다면서 서둘러 상담을 마무리한다. 영업전문가는 어쩔 수 없이 상담을 마치고 상담실을 나서면 이 문제를 어떻게 해결할지 고민을 한다.]

[전산기기를 영업하는 영업전문가가 고객의 사용부서 실무자와

상담을 하면서 고객의 흥미와 필요성을 자극하여 고객을 설득하는 데에 거의 성공하였다. 고객은 내부적인 검토 후 연락을 주기로 한다. 며칠 후 고객으로부터 전화가 걸려 왔다. 영업전문가는 드디어 하나의 계약을 수주할 수 있다는 마음으로 전화를 받는다. 그때 고객이 '제안한 상품에 대해 내부 전산실 실무자와 상의한 결과 성능대비 효과가 떨어지고 호환성에도 약간의 문제가 있다. 그래서 제안해 준 상품을 구매할 수 없다'고 한다. 영업전문가는 그 문제는 ___게 해결할 수 있다고 하자 고객은 '미안하지만 이미 늦었다. 전산실 실무자의 추천으로 다른 제품(영업전문가의 경쟁사 제품)을 구매하기로 결정을 봤다'고 한다. 그러면서 다음 기회에 보자고 한다. 영업전문가는 계약이 불가능하다는 사실을 알고는 힘이 빠진다. 그러한 문제는 충분히 해결할 수 있는데…… 다른 기업과도 그러한 문제가 있었지만 다 해결하였는데…… 영업과정에 무엇이 잘못되었는지 생각을 해 본다.]

1) 전문가 미팅

영업전문가라면 위와 같은 경험은 한 번쯤은 겪었을 것이다. 사실 영업전문가가 상품과 서비스의 모는 기술적인 부분과 전문적인 부분에까지 모두 알 수는 없다. 영업상담을 하는 고객 또한 마찬가지이다. 이때 고객의 대부분은 실제 사용자이거나 구매담당자이기 때문이다. 이러한 상황에 대처하는 방법, 사전에 미리 고객의 구매프로세스를 파악해 영업전문가가 영업의 단계로 제안을 할 수 있는 것이 '전문가 미팅'이라는 영업도구이다.

이 전문가 미팅은 고객사와 자사 내부의 엔지니어, 기술자, 품질전문가, IT담당자 간의 미팅으로 영업전문가가 제안한 상품과 서비스의 내부정착의 가능성과 기술적인 문제해결의 수준, 니즈 충족의 수준 등을 토론하고 설득하며 기술적인 부분의 문제와 이슈를 사전에 조정하고 합의하는 영업활동이다.

영업전문가는 이러한 전문가 미팅을 적절하게 활용할 수 있어야 한다. 영업전문가는 고객과 상담하면서 적절한 시기에 전문가 미팅을 제안한다. 영업전문가의 제안에 대해 고객사의 내부 전문가가 검토하는 과정에 개입한다면 반드시 이 과정을 확인하여야 한다. 이를 위해 원래 구매담당자를 대상으로 영업활동을 전개하고 있었다면 먼저 구매프로세스와 의사결정 관계자를 파악한다. 이때 고객사 전문가의 검토가 구매프로세스에 포함되어 있거나 구매관계자에 포함되어 있으면 반드시 전문가 미팅을 준비하고 전개하여야 한다. 사전에 자사의 전문가와 상의를 해 전문가 미팅을 준비하여야 한다. 현업 사용자를 대상으로 영업상담을 전개하더라도 복잡한 기술적인 문제가 이슈가 된다면 이 전문가 미팅이 필요할 것이다. 따라서 상황에 맞는 적절한 대응법으로 이 전문가 미팅을 활용하라.

전문가 미팅을 진행하는 순서는 다음과 같다.

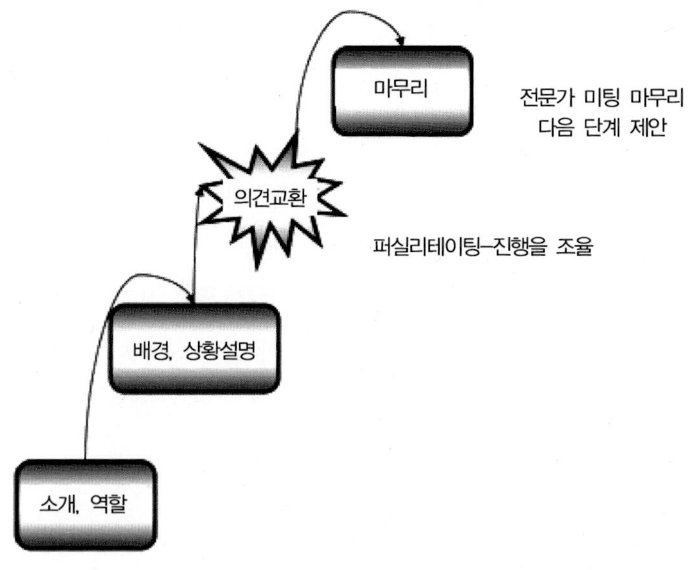

〈그림 4-8〉 전문가 미팅 순서

전문가 미팅이 진행되면 영업전문가는 자리를 떠나지 말고 미팅을 주재하는 것이 좋다. 지금까지의 상황을 설명하고 전문가 간 자유로운 의견교환이 가능하도록 분위기를 잡는다. 미팅 중 발생하는 의견충돌 등에 대해서는 적절하게 개입해 조율하도록 한다. 전문가 미팅에서 합의가 이루어지지 않으면 다른 방법(시연, 샘플 제공 등)을 제안한다. 합의가 이루어지면 처음 상담을 한 고객과 다음의 영업단계를 제안하면 된다.

2) 시연, 데먼스트레이션

영업전문가가 활용하는 또 하나의 영업도구는 시연을 통한 상품과 서비스의 솔루션을 고객에게 설득시키는 것이다. 그 대상은 현장의 사용자 혹은 고객사 내부의 전문가가 대부분이다. 이 시연을 통해 고객의 의심이나 오해(사용법, 성능에 대한 의심 등)를 없애고 구매의 가치를 고객이 인정하도록 하여야 한다. 시연 중 직접 체험하도록 하는 것도 좋은 방법이다. 샘플을 고객에게 제공할 경우에도 그냥 제공해서는 안 된다. 고객이 샘플을 통해 충분한 가치를 경험할 수 있도록 자세히 설명하여야 한다. 고객이 충분한 사용 경험을 해 보지 않으면 상품과 서비스의 가치를 잘못 판단하거나 평가절하할 수 있기 때문이다.

다음의 방법으로 이 시연을 진행하도록 하라.

〈표림 4-2〉 시연, 샘플 설명

	방 법	상담화법
도입	배경 이익 문제해결	→고객의 상황, 배경, → 경쟁사 동향, 고객의 고객 트렌드 등 →고객이 얻는 최종이익 →고객이 해결할 수 있는 문제, 불편함 등
본론	사례 성능, 특성	
	비교	→ 기존과 새로운 제안과의 비요 → 경쟁사와의 차별화 강조
	이익	
	사연 또는 체험	
	샘플제공 －사용방법	
마무리	핵심강조－이익, 문제해결	
	비즈니스 방법	→ 영업의 단계
	행동요구	→ 다음 활동, 약속

④ 영업 파트너의 이해와 커뮤니케이션

1) 영업파트너의 이해

시리즈1에서도 구매 관계자에 대해 정리를 하였다.

여기서는 커뮤니케이션 관점에서 재 정리를 해 본다.

기업을 대상으로 B2B 영업활동을 하는 영업전문가는 고객기업의 다양한 구매의사결정에 관여하는 내부관계자와 구매프로세스를 이해하여야 한다. 왜냐하면 이들 구매관계자들이 개입하는 구매프로세스의 최종 결과가 영업전문가들이 기대하는 성과를 결정하기 때문이다. 여기서 영업전문가가 기억할 사항은 영업전문가와 영업전문가의 팀 그리고 조직이 얼마나 빨리 그리고 강력하게 고객의 구매프로세스에 개입하고 각 구매이해관계자들에게 영향을 미치는 영향력의 수준과 정도가 영업의 성과에 매우 중요한 역할을 한다는 것이다. 이를 위해 필요하다면 조직/팀 영업을 전개할 수 있어야 한다.

당신은 영업전문가로서 '고객의 구매프로세스를 얼마나 알고 있는가? 즉 고객들은 어떤 프로세스를 거쳐 자사의 상품과 서비스를 구매하는가? 그 이유를 아는가?'라는 질문에 대해 답해 보라. 앞의 Chapter 3에서 간단하게 언급하였다.

영업전문가들에게 '왜 영업이 어려운가?'라는 질문을 던지면 나오는 답 중에 "구매부를 움직이기가 너무 어렵다!", "구매부서가 힘들게 한다"라는 답이 나온다. 당신도 이같이 느끼는가? 그럼 구매부서의 구매담당자가 영업전문가를 괴롭히는 이유는 무엇이라고 생각하는가? 영업전문가인 당신이 판매하는 상품과 서비스를 고객기업이 구매를 하는 데 있어 구매부서의 역할은 무엇인가? 누가 사용하는가? 그들에게(구매관계자) 주어진 성과기준은 무엇이라고 생각하는가? 유능한 영업전문가라면 이러한 질문에 대한 답을 할 수 있어야 한다.

또 하나 영업전문가들은 구매부 직원 또는 담당자들이 자신들을 홀대하거나 만나기를 꺼려하는데 이것을 극복하기가 힘들다고 말한다. 영업전문가는 고객이 누구든 비즈니스 전문가로서 또는 인간적으로 대우받고 싶어 한다. 이는 영업전문가뿐 아니라 모든 사람들의 욕구일 것이다. 구매부서 직원들도 영업전문가에게 인정받고 좋은 대우를 받고 싶어 한다. 이것이 식사를 대접하고 접대하는 것을 의미하지는 않는다. 자신이 관심이 없고 또 구매하려는 계획도 없는데 영업전문가들이 수시로 찾아와 구매결정을 하라고 요구한다. 심지어는 구매계획에도 없는 상품과 서비스를 구매하라고 한다. 가격을 깎아 주겠다고까지 한다. 하지만 구매담당자는 구매계획에 없는 상품과 서비스는 구매할 수 없다. 그래서 구매계획에 없다고 하여도 영업전문가는 고객의 말속에 포함된 이면을 파악하지 못하고 자기의 이야기만 한다. 따라서 구매담당자는 영업전문가들을 홀대할 수밖에 없다. 영업전문가를 만나느라 자신의 업무에 지장받아서도 안 되니까! 자신의 힘으로 해결할 수 없는 것을 요구하는 사람을 누가 만나고 싶어 할 것인가?

여기서 우선적으로 대부분의 기업들이 어떤 구매프로세스를 거쳐서 구매하는 것인지를 알아보자. 이 과정을 완벽하게 이해한다면 영업전문가는 자신의 영업활동을 어떻게 수행해야 하는지 새로운 출발점을 갖게 될 것이다. 즉 구매프로세스를 이해한다는 것은 각각의 단계가 어떻게 진행되고 누가 힘을 갖고 있으며, 그것에 대해 영업전문가가 어떻게 대응하여야 하는지를 알 수 있게 되기 때문이다.

다음의 그림은 구매업무가 어떻게 이루어지는가를 나타낸 것이다. 영업전문가는 자신이 타깃으로 공략하고 있는 고객이 구매프로세스 중 '현재 어느 단계에 있는지? 무엇이 장애물로 나타났는지? 자사의 위치는 어떠한지? 자사가 가진 경쟁력은 이번 프로젝트에서 경쟁사를 이길 수 있는지? 그것을 어떻게 알릴 것인지?' 등 각 단계를 자신에게 유리하도록 하기 위해 어떤 준비를 하여야 하는지를 명확하게 인식하고 업무에 활용할 수 있어야 한다. 그렇지 않으면 수개월의 노력이 수포로 돌아가게 되는 불행한 경험을 하게 될지도 모른다. 지금부터 하나씩 알아보도록 하자.

Chapter 3에서 언급한 '경영방침→원가절감을 통한 이익창출'이라는 고객의 정보가 어떻게 영업활동과 구매프로세스에 연결되는지를 상기하라.

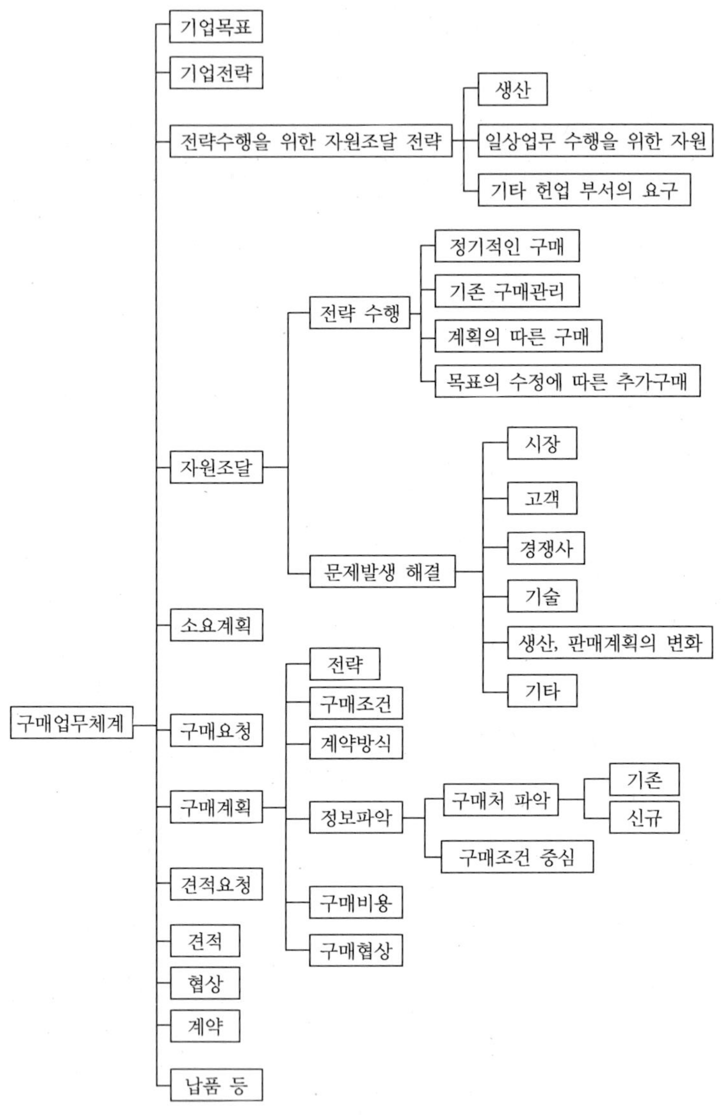

〈그림 4-9〉 기업의 구매업무 프로세스

● 기업목표-기업전략-자원조달 전략

　조직은 항상 성장하고 발전하여야 한다. 개인 또한 마찬가지이다. 따라서 모든 개인과 조직은 유지를 위해서 평균 7%의 성장(삶의 수준을 유지, 조직의 수준을 유지, 더 높은 수준으로 올라가기 위해서는 7% 이상의 성장이 되어야 한다)을 하여야 한다고 조직 전문가들은 말한다. 여기서는 기업고객을 중심으로 설명한다. 따라서 영업전문가가 만나는 고객인 기업도 항상 성장을 위한 목표를 수립하고 그 목표달성을 위한 기업의 경영전략을 수립하며, 그 경영전략에 맞춰 모든 하위 기능부서의 업무 목표와 달성전략이 나온다. 즉 인사부의 업무목표와 추진전략, 마케팅의 업무목표와 추진전략, 영업부의 영업목표와 영업전략, 생산부의 업무목표와 추진전략 등등의 전략들이 수립된다. 각 기능부서의 목표달성을 위한 전략을 수행하는 데는 자원이 필요하다. 그 자원들 중 조직 내부에서 조달할 수 없는 많은 자원들은 기업은 외부에서 구매하여야 한다. 이러한 필요에 의해 조직은 외부의 자원을 조달할 전략인 구매부의 목표와 구매계획 및 전략을 수립한다.

　첫 번째 자원조달인 구매계기는 기업의 목표달성을 위해 각 부서단위의 업무목표 달성을 위한 전략의 수행에 필요한 자원을 정기적으로 구매하여야 한다. 생산목표를 달성하기 위해 기존의 원자재 구매 유지와 확대 생산을 위한 추가구매, 품질의 목표달성을 위한 더 나은 품질의 원자재 구매, 영업목표 달성을 위한 영업시스템 구매 등등의 전략수행을 위해 자원을 구매할 필요가 발생한다. 이 구매의 계기가 영업의 기회가 된다. 이러한 기회는 고객기업 내부에서 발생하는 것이다.

두 번째 구매계기는 고객기업의 외부에서 고객기업에게 주는 자극으로 시장의 변화, 고객의 요구변화, 경쟁사의 출현, 새로운 기술의 대두, 고객 불만의 증가, 고객의 고객이 요구하는 품질 수준(기업 원자재 판매기업의 경우) 등등이 있다. 이러한 자극은 기업이 새로운 생산, 새로운 업무 프로세스 실행, 업무 문제의 해결 등의 과제를 주고 이 과제를 해결하기 위한 자원의 조달이 요구되어 구매프로세스를 가동하게 되는 것이다. 이것이 고객의 경영니즈와 업무니즈를 자극한다고 Chapter 3의 2절에서 알아보았다. 이 또한 영업의 중요한 기회이다.

● 소요계획과 구매요청

위의 상황이 전개됨으로써 기업의 각 부서는 자신들의 업무목표를 달성하고 문제해결을 위한 전략으로 새로운 방법을 검토한다. 이 검토과정이 완료되어 방법의 실행을 위해 외부에서 어떤 자원에 대한 구매가 필요하다는 결론이 난다면 각 부서는 조직의 최고경영자에게 구매해야 하는 이유를 들어 업무추진 전략 보고서 등을 작성해 결제를 받고 그 후 구매부서로 구매요청서가 발송된다. 이 단계가 영업전문가에게 주는 시사점은 구매부서를 움직이는 것은 기업의 현장부서(영업전문가가 제안하는 상품과 서비스를 사용하는 부서)라는 것이다. 따라서 영업전문가는 실무 부서

에서 자사의 상품과 서비스를 구매해 달라는 구매요청을 올리도
록 만들 수 있어야 한다.

● 구매계획-견적요청-견적-영업협상-계약

구매요청서를 받은 구매부서는 구매를 위한 본격적인 업무에
들어간다. 구매부서는 가망 공급업체(구매처)에 연락하기 전 구매
를 위한 전반적인 계획과 전략을 수립한다. 여기에는 구매원가 계
산과 구매예산 확보, 구매조건(가격, 납기, 품질 등), 계약방식, 구
매비용을 줄이기 원한 구매전략과 구매목표 및 협상전략과 전술
등이 포함된다. 이러한 모든 계획이 수립된 후 구매부는 가능한
공급업체에 먼저 견적요청서를 발송한다. 견적 요청서에 대한 공
급업체의 회신을 받아 다시 검토 후 몇 개 기업을 선정해서 구체
적인 구매협상에 들어간다. 이 협상이 완료되면 정식 계약서를 작
성하고 납품을 받는다. 이러한 구매부의 업무 흐름이 구매프로세
스이다.

적극적인 영업전문가는 고객사로부터(기존 고객이든, 신규 고
객이든) 이러한 견적서 제출 요청을 기다리지 않는다. 이러한 요
청에 대비하는 것은 적극적인 영업활동이 아니고 소극적인 영업
활동이기 때문이다. 문제는 영업전문가의 경쟁사는 이 프로세스
의 앞 단계에 개입해 자신들의 가치를 알리기 때문이다. 또 고객
이 먼저 견적서를 요청할 때는 가망 공급업체의 윤곽이 드러나 있
는 경우(현업부서에서 지정한 공급업체)가 많다. 협상의 전술을

위해 다른 기업의 견적서를 활용하기 위한 요청이거나 경쟁 구매를 위한 포석이 어느 정도 완성된 다음일 경우가 대부분이다. 이 때 영업전문가가 대응을 하는 것은 불리한 상황이 된다.

위와 같은 프로세스로 고객기업의 구매부서가 움직인다면 영업전문가는 무엇을 어떻게 준비하고 영업활동을 하여야 하는가? 또 하나 위의 프로세스를 볼 때 구매부서가 가진 힘이 어느 정도라고 생각하는가? 고객사의 구매프로세스에 올바르게 개입을 하고 강력한 영향력을 미칠 수 있다면 영업전문가에게는 좀 더 매력적인 영업의 기회가 되지 않을까? 이것에 대한 것을 하나씩 알아보기로 하자.

2) 구매관계자의 역할은?

위에서 알아본 구매프로세스에는 누가 개입하고 영향을 미칠까? 영업전문가는 구매부만 만나고 상품과 서비스를 제안하고 인간적인 관계를 유지하면 되는가? 아니다. 구매부가 가진 힘은 영업전문가 입장에서는 매우 크지만 고객의 구매프로세스상에서는 다르다. 기업고객의 구매프로세스에는 협업부서 사용자, 조언자(사내전문가), 의사결정권자, 구매업무 담당자 등이 개입한다. 이것이 의미하는 것은 영업전문가는 이 네 명의 이해관계자 모두를 공략해야 한다는 것이다. 물론 이것은 구매유형(반복구매, 수정 재구매, 신규구매)과 고객의 구매의사결정 과정에 따라 달라지기도 한다.

(1) 현장 사용자

　고객의 구매관계자 중 현장 사용자는 고객의 구매프로세스에서 가장 중요한 역할을 한다. 고객이 영업전문가의 상품과 서비스를 구매하는 이유는 자사의 경영목표 달성을 위해 해결해야 하는 현장의 과제, 업무와 관련된 문제해결과 업무추진 전략에 필요한 자원 때문이다. 어떠한 경우든 현장과 현장에서 해결할 문제가 없다면 즉 현재대로 현업부서의 업무목표가 달성 가능하다면 외부의 자원도 필요 없고 따라서 구매프로세스는 가동되지 않는다.

　물론 지금까지 구매해 온 상품과 서비스가 경영목표와 전략수행에 도움이 된다면 새로운 구매 역시 잘 일어나지 않는다. 이 경우에는 사전에 현장의 상황이 내부적으로 파악된다. 그래서 기존의 자원으로 목표달성과 업무추진에 아무런 문제가 없다면 그 구매는 지속적으로 일어난다. 이러한 상황에서는 현장 사용자는 불만이 없다. 즉 새로운 제품과 서비스에 대한 요구가 없다는 것이다. 이때 구매부는 지난해의 구매를 지속하는 것이 기본이 된다. 물론 구매부의 구매비용을 줄이기 위해 같은 상품과 서비스의 공급업체를 바꾸기도 한다. 이때에도 현업부서의 승인(프레젠테이션, 체험 등의 영업활동을 요구 혹은 영업전문가가 제안)이 있어야 가능하다.

　여기서 강조하고자 하는 것은 어떠한 경우든 조직이 경영목표 달성을 위한 현장부서의 구매요구가 구매를 위한 첫 출발이 된다는 것이다. 그렇다면 영업전문가는 이렇게 중요한 역할을 하는 현업 사용자를 공략하는 것은 너무나 당연한 일 아니겠는가? 기본적으로 고객의 사용부서와도 상담하는 영업활동을 전개하도록 하라.

(2) 조언자(사내 전문가)

전문가는 고객사가 구매하는 상품과 서비스를 직접 사용할 수도 있고 사용하지 않을 수도 있다. 하지만 이들은 고객사 내 전문가로서 구매과정과 구매하고자 하는 성품과 서비스에 대하여 기술적인 판단과 검토를 해 조언해 주는 역할을 한다. 즉 현장 사용자가 필요한 상품과 서비스라 하더라도 이들의 반대(호환성의 문제, 품질 균등의 문제 등으로)가 있다면 쉽게 결정하기 어렵다.

즉 이들은 자사의 기술과 능력을 중심으로 새로운 구매제품의 적용 가능성과 성과 향상 가능성에 대해 검토하기 때문이다. 이들은 B2B 영업을 하는 과정에 대부분 나타난다. 왜냐하면 구매담당자가 이들만큼의 전문가가 아니기 때문이다. 이들은 제품을 시연하는 과정에, 프레젠테이션을 하는 과정에 나타나 영업전문가를 곤란하게 만들기도 한다. 그들이 영업전문가를 곤란하게 한다면 이면에는 적극적인 지원자가 될 수도 있다는 것을 알아야 한다. 이들 대부분은 엔지니어나 기술전문가, 연구소, 품질부서 등에서 일할 것이다.→제3절에서 알아본 전문가 미팅의 대상이다. B2C 고객의 경우 영업전문가보다 더 수준 높은 기술적인 지식을 갖춘 고객도 있다는 것을 알아야 한다.

(3) 의사결정권자

의사결정권자의 중요성에 대해선 재차 강조하지 않아도 영업전문가이라면 잘 이해하고 그들이 영업의 성과(구매결정)에서 갖는 힘을 잘 알 것이다. 이들은 최고경영자일 수도 있고 사업부의 책임자일 수도 있다. 영업을 하는 과정에서는 거의 나타나지 않는다. 이들이 나타나는 경우는 중요한 프레젠테이션을 할 때 혹은 영업협상의 단계에서 나타난다. 왜냐하면 이들이 직접 구매업무를 하는 것도 아니고, 사용하는 사용자도 아니기 때문이다. 하지만 고객사 내부의 구매프로세스에는 매우 자주 나타나고 영향력을 미친다. 대부분의 경우 영업전문가는 이 의사결정권자를 만나지 않고 계약서를 받는다. 이유는 만나는 것을 두려워하기 때문이기도 하고 고객의 구매실무자 또한 자신의 위 상사를 영업전문가가 만나는 것을 달가워하지 않기 때문이기도 하다. 그렇다고 이들이 의미가 없다는 것이 아니다. 영업전문가는 만나지 않지만 구매프로세스에는 항상 개입한다. 심지어는 구매담당자에게 구매비용을 줄이라는 압력을 넣어 영업전문가를 괴롭히기도 한다. 아무튼 의사결정권자의 존재를 잊어서는 안 되다. 이들을 영업활동에서 활용할 수 있어야 한다. 더 조직적인 영업이 필요한 경우가 이 의사결정권자를 공략하기 위해서이기도 하다.

(4) 구매담당자

영업전문가들이 만나는 고객사의 창구이자 영업의 마무리를 위한 최종 영업협상 상대방이다. 영업전문가들이 가장 만나고 싶어 하는 사람이기도 하고, 영업전문가를 힘들게 하는 사람이기도 하다. 영업전문가는 이들의 존재와 역할을 명확하게 인식을 하고 우호적인 관계를 쌓고 유지해야 한다. 어쩌면 이들이 영업전문가를 적극적으로 도와줄 수도 있기 때문이다. 그러기 위해서는 영업전문가는 구매담당자와 인간적인 신뢰 이상의 비즈니스 전문가라는 인식을 강하게 심어 놓아야 한다.

3) 그들의 관심사와 대응

(1) 현장 사용자

영업활동에 집중해야 하는 파트너이다. 영업의 파트너라는 것은 자사의 상품과 서비스를 실제로 필요로 하는 고객으로서 해결해야 하는 문제 또는 채워야 하는 욕구를 실제로 갖고 있는 구매관계자라는 뜻이다. 현장에서 업무를 보는 모든 부서(조직의 모든 부서)의 목적은 업무성과 향상을 통한 기업의 이익향상 또는 매출증대에 기여하는 것이다. 이는 어느 조직이나 갖고 있는 경영목표와 각 부서의 업무목표와의 관계성이다. 하지만 부서에 따라서 그 기능과 역할이 다를 뿐이다. 영업전문가는 영업의 파트너를 잘 선정하여야 한다. 영업전문가가 제안하는 상품과 서비스를 누가 필요한가를 파악해 그들을 우선적으로 설득하는 것이 중요하다. 개인 고객인 경우 그 개인이 사용자이면서 구매실행자이고 의사결정권자지만 기업고객의 경우 이 역할이 나누어져 있다. 생산부서든, 스텝부서든 영업전문가가 제안하는 상품과 서비스를 활용해 자신의 업무 문제를 해결하거나 업무 성과를 올려야 하는 사람들이 실질적인 영업의 파트너이다.

기업을 대상으로 영업활동을 하는 영업전문가는 이들이 가진 힘과 역할(구매요청을 하는 것과 상품과 서비스의 수용 혹은 거절을 할 수 있는)을 인식하고 활용하여야 한다. 즉 이들이 움직여야 고객기업의 구매프로세스가 가동이 된다. 따라서 영업전문가는 구매부 구매담당자를 만나고 신뢰관계를 유지하는 만큼 이들 사용자들 만나고 이들을 우선적으로 설득하여야 한다.

현장 사용자들의 관심은 자신들의 업무성과를 향상하고 업무상의 문제를 해결하는 데 있다. 따라서 영업전문가는 자신이 제안하는 상품이나 서비스가 자신들에게 얼마나 사용하기 편리하고, 업무목표 달성과 성과향상에 실제적인 도움이 되는가를 알려야 한다. 따라서 이들을 움직이기 위해서는 실제적인 사례와 증거를 중심으로 사용상의 편리함, 업무 성과의 향상 정도, 문제해결의 수준과 신속성 등을 강조하여야 한다. 필요하다면 실물을 시연하거나 직접 사용을 통해 체험할 수 있는 기회를 제공해 주는 것도 필요하다.

예를 들어 보자. 영업전문가로서 당신은 신규고객을 확보하는 데 관심이 많다. 이느 날 당신이 잠재고객으로 선정해 놓은 기업의 상품 또는 서비스에 대한 잠재고객기업의 고객들이 가진 불평/불만 사항을 알게 되었다. 그 내용을 면밀하게 분석한 결과 당신

회사의 제품을 사용한다면 그 불평/불만의 문제를 해결할 수 있다는 것을 알았다. 당신은 잠재고객기업을 어떻게 공략할 것인가? '① 구매부를 통해 서서히 접근을 한다. ② 현장부서 직원을 먼저 만난다. ③ 양쪽을 동시에 공략한다' 등등의 영업활동을 기획할 것이다. 여기서 구매부를 만나 당신이 들은 불평불만들을 이야기하고 그 해결안으로 당신의 솔루션을 제안한다. 구매부 담당자는 관심을 보이지만 그 다음 행동은 적극적이지 않다. 즉 그 담당자가 당신과의 상담을 통해 구매프로세스를 가동하지 않는다는 것이다. 당신은 구매담당자가 왜 적극적이지 않는지 궁금해할 것이다. 그 이유는 뒤에서 알아보기로 한다. 당신이 잠재고객의 공략 성공을 위해서는 구매담당자를 공략하는 동시에 현장의 부서 담당자 또는 책임자를 만나 공략하여야 한다.

위에서 당신이 수집한 고객들의 불평불만을 해결할 업무는 구매담당자의 직접적인 업무가 아니고 현장부서의 직접 업무이다. 그래서 구매담당자는 영업전문가인 당신의 제안에 따라 구매프로세스를 가동할 수가 없는 것이다.

그 문제를 책임지고 있는 현장부서를 움직인다면 구매담당자도 움직일 수 있을 것이다. 그 후 영업의 프로세스-제안서-프레젠테이션-시연-공장견학-전문가 미팅 등등-가 시작되는 것이다. 심지어는 긴급 구매 건으로 발전되어 협상하지 않고도 계약할 수 있을지도 모른다.

이러한 이유로 기업고객을 대상으로 하는 영업전문가는 고객사의 현장 사용자들을 중요한 영업의 파트너로 생각하고 관리하여야 한다.

(2) 조언자(전문가)

이들은 고객사 내부의 기술전문가, 엔지니어, 품질 담당자들이다. 이들은 고객의 구매프로세스에서 전문가로서 자신들의 전문성과 견해, 판단기준을 갖고 구매과정에 개입한다. 이들은 기술적인 활용성과 기존업무와의 연계성, 기능과 기술적은 우위 등을 주요 관심사로 검토한다.

이들은 영업활동 중 다양한 단계에 출현한다. 영업의 초기에 출현하기도 하고, 중간의 시연이나 프레젠테이션 시 출현하기도 하며 어쩌면 영업의 마무리 단계에 출현해 기술적인 질문으로 영업전문가를 당황하게 만들 수도 있다. 따라서 영업전문가는 언제든 이들 전문가들을 만나고 대응할 수 있는 준비(전문가 미팅 등)를 하여야 한다. 영업전문가는 자신의 역량과 지식으로 한계를 느낀다면 사내 전문가들을 동원하는 준비도 하여야 한다. 이들을 움직이지 못하면 즉 사용자는 설득하였으나 이들이 기술적인 문제를 제기한다면 영업의 다음 단계를 진행하기 어렵다는 것이다.→제3절의 전문가 미팅을 활용히어야 한다.

때로는 사용자가 전문가/전문가의 역할을 동시에 수행하기도 한다. 또는 구매담딩자가 전문가 수쥬의 지식을 갖추고 있을 수도 있다. 구매담당자도 자신의 업무 성과를 위해 많은 지식을 습득할 것이고, 특히 내부 구매프로세스를 가동할 때 상품과 서비스에 대한 지식을 습득하기도 하며, 최근의 정보 시스템을 통해 언제 어디서든 자신이 원하는 정보와 지식을 활용할 수 있기 때문이다. 영업전문가는 이들의 존재에 두려움을 갖거나 소극적인 대응을 해서는 안 된다. 이들을 영업의 기회를 주는 또 하나의 파트너로 생각하라. 위에서 현상 사용자들을 먼저 움직이는 것과 마찬가지로 이들을 먼저 움직일 수 있다면 더 좋은 영업의 기회를 발굴할 수도 있는 것이다.

(3) 의사결정권자

구매의 최종 의사결정을 하는 구매관계자이다. 이들의 존재는 거의 영업의 핵심활동 단계 또는 마지막에 나타난다. 즉 구매담당자와 영업의 단계-사용자, 전문가 앞에서의 시연, 프레젠테이션 등-를 마치고 영업협상의 단계에서 이들이 출현하기도 한다.

영업전문가는 가급적 영업프로세스 초기 단계에서 이들이 누구인지를 파악해 필요하다면 별도의 공략전술을 세워야 한다. 의사결정권자들은 대부분 조직의 성공과 성장에 책임을 지고 있는 위치에 있다. 이들의 관심은 구매함으로써 얻는 이익-ROI-에 있다.

따라서 의사결정권자와의 커뮤니케이션(의사결정권자를 설득)을 위해서는 이번 비즈니스를 통해 해결하는 문제 또는 가시적인 이익(원가절감 등), 그리고 궁극적으로 고객기업의 경영목표 달성에 중요하다는 점을 명확하게 인식시키는 준비를 하여야 한다. 이들에게 기술적인 메시지나 사용상의 편리함 등을 이야기하면 '그런 문제는 실무자와 이야기하라. 이번 투자/거래를 통해 우리가 얻는 이익은 무엇인가?'라는 질문을 받게 될 것이다. 이런 질문을 받았다면 그동안의 상담은 크게 의미가 없거나 의사결정권자를 움직이는 것이 힘들다는 것을 알아야 한다. '음! 투자가치가 있는데…… 그럼 실무자들과 이야기를 하라!'라는 답을 얻어야 한다.

필요하다면 영업전문가의 자사의 상사들을 동원해 고객사의 의사결정권자를 만나 그들을 설득하는 조직/팀 영업 전략도 요구된다.

(4) 구매담당자

영업의 파트너이자 영업협상의 파트너이다. 이들은 영업전문가를 힘들게 하고 괴롭히기 위해 존재하는 것이 아니다. 이들은 자신들에게 주어진 업무를 충실하게 수행할 뿐이다. 영업전문가들이 이들을 힘겨워하는 이유는 이들의 역할과 주요관심사에 대해 이해 부족에서 온다.

구매담당자들의 임무는 자사의 원활한 경영목표 달성과 그 장애물을 없애는 데 필요한 경영자원을 다른 부서를 대신해 구매하는 것이다. 이들이 구매하는 것은 자신들을 위한 투자보다는 현업부시의 구매요청에 대응하는 것이다. 이 때문에 구매부서가 쓰는 돈은 비용으로 생각한다. 따라서 다른 부서 직원들이 열심히 일해서 벌어들인 돈을 절약하고자 하는 것은 당연한 것이다. 구매부서 담당자가 구매를 현장부서보다 먼저 결정하는 경우는 드물다. 연간계획에 의한 구매라 하더라도 여러 번의 구매 필요성을 확인한 후 구매프로세스를 가동한다. 이 내용에 대해서는 앞에서 알아보았다.

하물며 계획되지 않은 상품과 서비스를 영업전문가가 소개한다고 덥석 구매하는 담당자는 있을 수가 없다. 이러한 사실을 모르는 영업전문가는 영업을 무척 힘들게 할 수밖에 없을 것이다.

구매담당자는 ① 자사의 현장부서에서 구매요청이 있을 때 비로소 구매프로세스를 가동한다. 이때는 구매를 위한 조건(품질, 납기 등, 가격이나 결제방법 들은 구매부에서 정한다)을 내부 관계자들과 협의한다. 그 후 구매부 내부적으로 구매 대상업체를 선정하고 견적서를 요청하는 단계를 밟는다. 이 단계에서 구매담당자의 관심은 거래조건이다. 상품과 서비스의 기능, 성능 등은 현장부서에서 거의 검토가 끝난 경우가 대부분이다. 그렇지 않다면 현장부서에서 정리한 기능과 성능을 갖춘 상품을 찾고 영업전문가를 부른다. 이때 상담하는 자리에 대부분 사용자 또는 전문가가 동석한다. 영업전문가는 이러한 상황을 예견하고 적절한 준비를 하여야 한다. 상담 자리에 누가 나오는지를 파악한 후 대응하여야 한다는 것이다. 이러한 자리가 아니라면 구매담당자는 대부분 구매협상으로 들어간다. 영업전문가는 영업협상이 준비되지 않았는데…… 이것은 구매담당자에게 중요하지 않다. 이 상황을 역전시키는 것은 영업전문가의 몫이다. 이 능력이 없다면 영업전문가는 이익률이 낮은 계약서를 받게 될 것이다.

② 구매담당자는 영업전문가를 만날 때 자사의 문제를 먼저 이야기하지 않는다. 그 문제를 모르기 때문일 수도 있고(현장에서 문제가 부각되지 않아서), 알아도 자신의 구매파워를 올리기 위해 이

야기하지 않는다. 구매담당자가 자사의 해결해야 하는 문제(현업부서의 문제와 그로 인한 구매요청이 있다는)를 먼저 꺼내는 경우는 벌써 구매프로세스 중 상당한 부분이 진행되었음을 의미한다. 영업전문가는 이러한 상황에 대해 적절한 판단을 할 수 있어야 한다.

또 절대로 구매담당자의 침묵에 흔들려서는 안 된다. 구매담당자가 자사의 문제를 모르거나 영업전문가가 제시하는 이익에 흥미가 부족하다는 생각이 들면 영업전문가는 현장부서 담당자 소개를 부탁하라. 이것을 위해서 영업전문가는 구매담당자와의 우호적인 관계유지가 중요하다. 어쨌든 구매담당자는 영업의 시작이자 마지막 창구이기 때문이다.

③ 현장의 사용자, 전문가(조언자), 의사결정권자의 힘에 영향을 받는다. 따라서 영업전문가는 구매담당자를 설득하기 전에 이들 구매관계자들을 먼저 설득하는 것에 우선순위를 두기도 하여야 한다. 이러한 활동을 위해 영업전문가는 자사의 모든 역량을 동원하는 팀 영업을 할 수 있어야 하고 조직 또한 이를 지원하는 시스템을 갖추어야 한다.

④ 구매담당자의 주요 관심사와 성과기준은 구매조건이다. 즉 구매계약서의 내용이 구매입무의 성과인 구매점수를 결정한다는 것이다. 이를 위해 구매담당자는 구매전략과 전술 즉 구매협상을 철저히 준비를 한다. 다음 페이지에 있는 그림이 구매영업협상 준비구조이다. 아마도 현업에서는 이것보다 더 철저하게 준비할 것이다. 영업전문가인 당신은 이 구조도를 보고 어떤 느낌이 드는

가? 당신은 영업과 영업협상을 어떤 시스템으로 준비를 하는가? 구매담당자들이 까다롭다고 그들에게 하소연을 해서는 얻는 것이 아무것도 없다. 그들이 준비하는 만큼 당신도 준비하여야 한다.

구매담당자들이 준비하는 구매 전체 프로세스는 이보다 훨씬 복잡하다. 영업전문가들에게 그들을 두려워하라고 겁을 주려는 것이 아니라 구매담당자와 대등한 관계, 비즈니스 파트너, 문제해결자로서 영업활동을 하고 그러한 영업전문가가 되려면 이 정도의 이해는 기본이고, 이것에 대응하는 철저한 준비를 하는 것이 중요하다고 말하고 싶은 것이다. 이러한 지식과 준비가 없다면 영업은 물건을 파는 일, 구매담당자는 영업전문가를 괴롭히고 힘들게 하는 사람들이라는 시각을 버릴 수가 없다. 그 다음의 모습은 이야기하지 않아도 잘 알 것이다.

영업은 결코 쉽게 진행되는 비즈니스가 아니다. 고도의 심리전, 비즈니스 지식, 협상력, 커뮤니케이션 능력, 인간적인 매력 등을 요구하는 고급 비즈니스이다. 당신이 영업전문가로서 더욱 우수한 인재가 되고 경력을 쌓고자 한다면 비즈니스 파트너들로부터 인정받는 것이 우선이다. 그들의 인정을 받는 것은 당신의 구매자들이 고급스러운 비즈니스를 하는 것이고, 당신과의 비즈니스를 통해 이익을 공유한다는 것이며, 자신들 또한 유능한 비즈니스 전문가라는 인정을 받는 것이다.

당신의 고객인 구매관계자들은 준비되어 있고, 유능하고, 우수하며 상호 존중해 주는 비즈니스 파트너와 일을 하고 싶어 한다는 것일 명심하여야 한다.

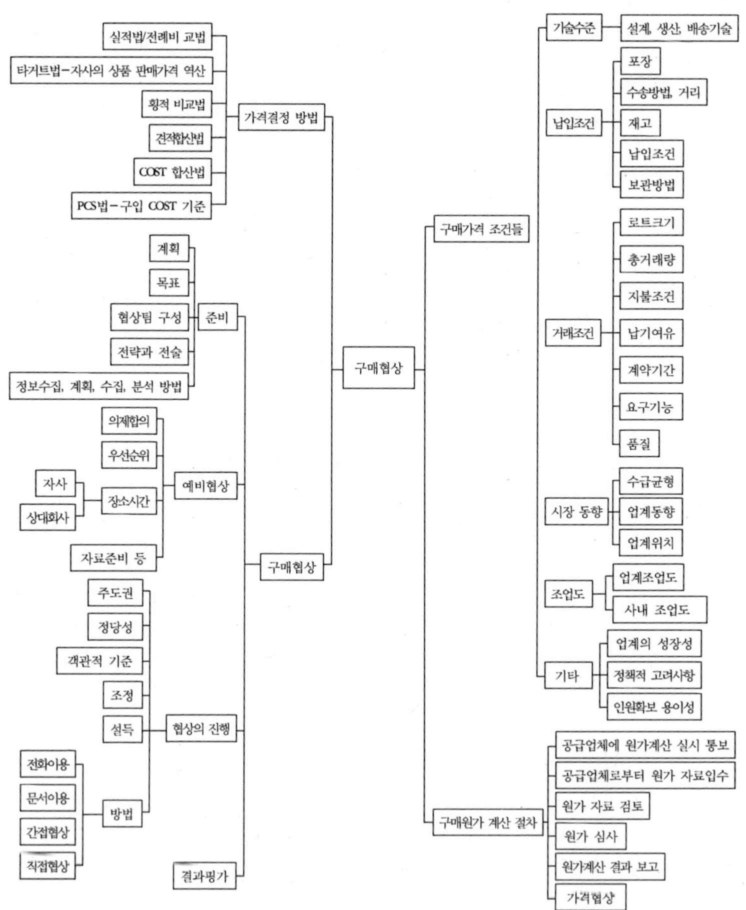

〈그림 4-10〉 구매협상 구조도

　영업전문가는 고객의 구매프로세스를 공략하기 위한 영업전략
의 도구로 다음의 시트를 활용하도록 하라. 이 시트는 고객의 구
매관계자를 파악하고 그들을 공략하기 위한 전술과 경쟁사의 공
격을 방어할 수 있는 영업전략 캔버스이다.

<그림 4-11> 구매관계자 공략 전략 캔버스

구매 관계자 공략 전략 캔버스

고객명	기존 거래 내용;	고객의 구매일정;
영업 기회(구체적)-고객의 상황, 니즈	목표달성 시한;　　　까지 을　　　만큼	현재 영업 진척도;

영업 진척 분석	이름, 직위	부서	구매상 역할 구매 의사 전문 사용	접촉변도 자주	변화태도 상 중 하	당사인식 호감 중립 비호	제안에 대한 태도 긍정 중립 부정	니즈-문제, 요구사항		영향력
								업무	개인	

상황분선(SWOT)-지사, 경쟁사

장점;	단점;
기회;	위기;

요구되는 행동-영업활동

활동내용	언제	어떻게	팀 영업-지원자	결과

앞의 시트에서 변화성향은 고객이 새로운 제품과 서비스의 선택을 자유롭게 쉽게 하는가 아니면 바꾸는 것을 꺼려하는가의 수준을 나타낸다. 변화성향이 강하면 새로운 제품과 서비스의 선택을 쉽게 한다. 따라서 이러한 고객은 경쟁사로의 이동도 쉽게 한다. 변화성향이 약하다면 쉽게 거래처를 바꾸지 않은 장점이 있지만 이 고객을 공략하기 위해서는 보다 전략적인 영업활동이 요구된다.

나머지 항목에 대해서는 쉽게 이해할 수 있을 것이다. 이 캔버스를 고객당 한 장씩 모두 완성해 가도록 하라.

효과적인 영업 커뮤니케이션을 위해서 고객의 상황과 니즈를 분석하는 것이 필수적이다. 영업전문가는 자사와 자신의 메시지와 용어를 버리고 고객의 메시지와 용어, 언어로 커뮤니케이션을 수행하여야 한다.

고객과의 커뮤니케이션이 어렵고 설득이 힘들다고 영업활동을 포기할 수는 없지 않은가?

노진경 ————————————————————————

데일 카네기 코스, 카네기 경영전략, 카네기 리더십, 세일즈 강사
PHD 컨설팅, 경인카네기연구소 소장
중소기업연수원 외부강사
뉴호라이즌 코리아 전임강사
현) 성취동기개발센터 서비스경영연구소 소장
　한국생산성본부 지도교수
　한국표준협회 경영전문위원
　중소기업연수원 사이버튜터
　한국HRD센터 지도교수
　GBC 전문위원
　애니어그램 일반강사

『김 대리 영업의 달인이 되다』(Sales Master Series 1)
『프레젠테이션 마스터 A−Z』(Sales Master Series 2)
『영업달인의 비밀노트』(Sales Master Series 3)
『유능한 리더의 회의운영 노하우』

영업
커뮤니케이션

초 판 인 쇄 | 2011년 5월 6일
초 판 발 행 | 2011년 5월 6일

지 은 이 | 노진경
펴 낸 이 | 채종준
펴 낸 곳 | 한국학술정보㈜
주   소 | 경기도 파주시 교하읍 문발리 파주출판문화정보산업단지 513-5
전   화 | 031) 908-3181(대표)
팩   스 | 031) 908-3189
홈 페 이 지 | http://ebook.kstudy.com
E-mail | 출판사업부 publish@kstudy.com
등   록 | 제일산-115호(2000. 6. 19)

ISBN   978-89-268-2208-1 14320 (Paper Book)
          978-89-268-2209-8 18320 (e-Book)
          978-89-268-2204-3 14320 (Paper Book set)
          978-89-268-2205-0 18320 (e-Book set)

이담 Books 는 한국학술정보(주)의 지식실용서 브랜드입니다.